KB236914

배짱이 곧 실력이다

배짱이 곧 실력이다

초판 1쇄 발행 2016년 6월 20일

지은이 이수걸
발행인 김제구
펴낸곳 리즈앤북
인쇄·제본 한영문화사

출판등록 제22-741호 (2002.11.15)
주소 121-842 서울시 마포구 잔다리로 77 대창빌딩 402호
전화 02)332-4037 팩스 02)332-4031
이메일 ries0730@naver.com

값 14,000원
ISBN 979-11-86349-48-9 13330

25년,
기업교육 현장에서 얻은
최고의 지침서

배짱이 곧 실력이다

SELF LEADERSHIP

최고의 리더들은 그들만의 특별한 배짱이 있다

이수걸 지음

리즈앤북
ries & book

Part 3

자기창조를 위한 틀을 만들라

Part 4

사소한 것에 목숨 걸면 인간관계 박살난다

인생에 연습은 없다.

"당신은 몇 살까지 살고 싶습니까?"

"그 나이에서 현재 나이를 빼면 몇 년 남았습니까?"

"남은 인생시간에 하고 싶은 일은 무엇입니까?"

"당신에게 삶은 어떤 의미입니까?"

"당신의 삶에서 소중한 것은 무엇인지 6가지만 말해 보십시오."

"6가지 중에 4개를 버린다면 무엇을 버리겠습니까?"

"남아 있는 2가지는 무엇입니까?"

이 질문에 선뜻 대답하는 수강자는 별로 없다. 필자도 2~30대 때
는 이런 생각을 해 본적이 없었다. 대부분의 직장인은 취업준비에 바

빴고, 스펙을 쌓기 위해 많은 시간과 돈을 투자했다. 어려운 관문을 뚫고 들어간 직장에서 회의를 느낄 때가 많다.

매일 만나는 상사와 동료.

매일 반복되는 업무.

지루한 회의시간.

업무와 관계없는 상사의 지시.

참석하고 싶지 않은 회식과 뒤풀이.

휴일마다 챙겨야 하는 돌잔치, 애경사, 집들이…….

누구에게나 시간은 균등하게 하루 24시간이 주어진다. 초로 따지면 86,400초다. 시간이 남는다고 호주머니에 넣어두었다가 내일 쓸 수 있는 것이 아니며, 남는다고 부족한 사람에게 줄 수도 없고 빌릴 수도 없다. 시간이란 낭비하기에는 너무 짧고, 번민하기에는 너무 귀중하며, 의미 없이 보내기에는 할 일이 너무 많다. 살아가면서 여러 가지 일들이 우리의 시간을 가로막는다. 그 일들을 분석해 보면 매우 중요하거나 또는 중요하지 않은 일들이 있다. 그리고 당장하지 않으면 안 될 일도 있고 그렇지 않은 일도 있다. 물론 마감 시간이 임박한 프로젝트나 고객의 클레임은 매우 중요하고 당장 처리해야 할 긴급한 일들이다. 반면에 지나친 TV 시청이나 지나친 휴식, 사소한 전화 등은 중요하지도 않고 긴급한 일들이 아니다. 이 일들은 당신의 인생시간을 빼앗거나 파괴한다. 당장 하지 않는다고 해도 큰 문제는 없다. 그렇다면 나의 가치관의 우선순위가 가장 높은 일은 과연 무엇인가?

그것은 당신의 인생을 디자인하는 것이다. 보이지 않는 꿈을 생생하게 꾸면서 끊임없이 쫓아가 마침내 현실로 만드는 여정이 삶이라면, 그것을 눈앞에 실현 가능한 꼴로 설계하는 것이 디자인이다. 삶이 그림이고 당신이 화가라면 당신은 무엇을 그리겠는가? 어떤 그림을 그리겠는가? 어떤 색깔을 쓰겠는가? 필자는 이 책에서 당신이 그리고자 하는 그림을 편안하게 그릴 수 있도록 캔버스를 제공하고자 한다. 그 위에 당신의 꿈을 마음껏 설계해 보길 바란다.

— 이수걸

Part 1

소통은 '차이'로부터 시작되어 '공감'으로 종료된다

모든 일은
미세한 날갯짓으로부터
시작한다

아마존의 정글에서 한 마리의 나비가 날갯짓을 한다. 이 나비의 날 갯짓으로 꽃가루가 떨어지면서 야자나무에서 쉬고 있는 원숭이의 털 속에 들어가게 된다. 원숭이가 등이 간지러워서 야자나무에 등을 비비자 이 진동으로 야자나무 열매가 떨어지면서 나무 아래로 굴러 내려가다가 어느 큰 바위를 지탱하고 있는 고임돌을 툭 친다. 그러자 거대한 돌들이 굉음을 내면서 산 아래로 굴러가고, 주변에 있는 수많은 작은 돌들과 함께 엄청난 산사태를 일으킨다. 그 바위들로 인해 산 아래로 흐르던 강물을 막게 되고, 물은 점점 불어나서 분화구 위까지 차오르게 된다. 분화구는 꽉 찬 물로 인하여 가스를 내보내지 못하게 되고, 분화구 내에서 응축된 가스의 압력이 차츰 높아지면서 결국 화산이 폭발하고 만다.

이 화산 폭발로 인해 화산재와 가스가 대기권으로 올라와서 기상변화를 일으키게 되고 미국 텍사스의 대기권에 급격한 환경변화가 생기면서 토네이도를 일으킨다. 나비의 미세한 날갯짓으로 천문학적인 재산피해가 발생하고, 수많은 생명을 앗아간다. 원인과 결과만 보면 쉽게 이해가 되지 않는다.

이 이야기는 미국 MIT대학의 교수이자 기상학자였던 에드워드 로렌츠의 '나비 효과(Butterfly Effect)'의 예를 든 것이다. 미세한 나비의 날갯짓이 미국 텍사스에 토네이도를 발생시킬 수도 있다는 이론, 그 유명한 나비 효과의 탄생배경이다.

아마존에 살고 있는 모든 나비가 일시에 날갯짓을 멈춘다고 가정하면 어떻게 될까? 그러면 주변 온도가 올라간다고 한다. 상승한 온도로 인해서 알게 모르게 환경재앙이 올 수도 있다. 작은 사건이 누군가에게 또는 사회적으로 큰 변화의 계기가 될 수 있다는 사실은 굳이 학문의 영역을 따져보지 않아도 명백하다. 영화 한 편, 사진 한 장, 누군가의 책 한 권과 말 한마디가 시시각각으로 우리의 삶에 크고 작은 날 갯짓을 보내오고 있기 때문이다.

한 직장인의 나비 효과를 보자.

어느 화창한 날의 오후, 김 고민 대리는 자판기 커피 한 잔으로 나른한 몸을 지탱하고 있는 점심시간에 김 부장 자리에서 전화 한통을 받는다. 깐깐하기 그지없는 김 부장 사모님의 전화다. 김 부장의 휴대폰이 꺼져 있어 급한 나머지 사무실로 전화를 했다는 것이다. 이전에 김 부장 생일에 초대 받은 적이 있어 사모님과 일면식이 있었다. 급한 일이 있으니 자기한테 꼭 전화를 해 달라고 했다.

점심 시간이 지나도 김 부장은 들어오지 않았다. 할 수 없이 옆자리의 나 몰라 사원에게 전화 내용을 전달해 달라 부탁하고 오후 2시에 외근을 나갔다.

장차 큰 거래가 있을 것이라는 고객의 말에 기분이 좋아져 사무실에 들어오는데 김 부장이 보자마자 호통을 치는 게 아닌가.

"김 대리! 너는 뭐하는 놈이야! 전화 한통 제대로 전달 못하는 주제에 무슨 일을 한다고……. 자네 어느 초등학교 나왔어?"

나 몰라라 한 사원이 상무님 호출에 김 부장 아내의 전화 내용을 전달하지 못한 것이 발단이 되었다. 씩씩거려 봐야 자기 손해란 것을 경험을 통해 익히 아는 터라 아무 대꾸도 하지 않았다. 심지가 굳은 김

　　　　　　　　　　　　　　　　　　　　　　　　배짱이 곧 실력이다

고민 대리는 변명도 제대로 못하고 고스란히 미사일 한 방을 맞은 셈이 되었다. 김 고민 대리는 퇴근길에 상심한 마음을 달래려고 포장마차에서 혼자 술을 마시면서 "부장이면 부장이지, 초등학교는 왜 물어. 더러워서 회사 못 다니겠네. 사표를 낼까 말까."하고 혼잣말을 한다. 다시 마음을 가다듬고 집으로 걸어가는데 구겨진 맥주 깡통이 발아래 보인다. 맥주 깡통은 김 부장의 일그러진 얼굴처럼 보인다. 이때다 싶어 힘껏 걷어찼다. 원망을 가득 담아 찬 깡통은 생각보다 멀리 날아가서 횡단보도를 건너던 중년 여성의 머리에 부딪쳤고, 그 여성은 바닥에 쓰러졌다. 그 일로 김 고민 대리는 지구대와 병원을 오가면서 진술서를 쓰고 아주머니를 간병하느라 저녁 늦도록 시달렸다. 피해 가족으로부터는 듣지 못할 온갖 욕설은 물론 벌금까지 물었다. 쓰라린 마음을 달래려고 호프집에서 맥주 몇 잔을 더 마셨다. 귀가하던 중 소변이 너무 마려워서 으슥한 골목길에서 눈치껏 볼일을 보고 있는데, 길 가던 어떤 사람이 노상방뇨하느냐고 꾸중을 하자 심하게 다투고 말았다. 오늘따라 되는 일이 없고 일진이 사나웠다. 몸싸움을 하다 결국 서로 가벼운 상처가 생겨 또 다시 지구대에 가는 신세가 되고, 양쪽 보호자 가족들이 지구대까지 오게 되었다. 그런데 이게 어찌된 일인가? 자신의 눈을 의심했다. 저 사람은 혹시 애인의 아버지……? 다투었던 보호자 가족 중에 장래를 약속했던 여자 친구가 보였다. 소변 보다가 다투었던 사람이 바로 미래의 장인이 될 사람이었다. 정말 재수가 더럽게 없는 하루였다. 결국 두 사람은 자의 반, 타의 반 헤어지고 말았다. 결국 김 부장 아내의 전화 한 통을 받은 것이 장래를 약속한 애인과의 이별로 이어진 셈이다.

"김 부장은 휴대폰을 끄고 다니면서 무슨 짓을 하고 돌아다니는 거야! 젠장."

"사모님은 바보같이 그 흔한 문자도 보낼 줄 모르는 거야! 에잇."

"앞으로 부재중인 상사의 전화는 무조건 안 받아!"

열 받고 화를 낸들 이미 엎질러진 물이 아닌가.

전화 한 통 받은 것이 애인과 헤어진 원인인가?

김 부장이 휴대전화를 끈 것이 원인인가?

문자를 보낼 줄 모르는 멍청한 김 부장 아내가 원인인가?

인과관계를 어디서부터 시작하고 끊어야 되는지 애매하다.

"술을 먹지 않았으면 이런 일이 없었을 텐데."

"맥주 깡통이 그 자리에 없었으면 발로 차지 않았을 텐데."

"어느 자식이 맥주 깡통을 버렸어. 재활용 쓰레기통에 버려야지!"

"미화원들은 뭐했어. 빨리 치우지 않고. 세금이 아까워."

"아주머니는 하필 그때 횡단보도로 걸어올 게 뭐람."

그러나 분명한 것은 김 대리의 가슴에 대못을 박은 것은 김 부장이 배설하듯이 내뱉는 언어 습관 때문이라 할 수 있다.

"너는 아무리 해도 안 돼!"

"어느 초등학교 나왔어?"

"집에 가 쉬고 있어. 월급은 집으로 보내 줄게."

"지랄하고 자빠졌네."

"그것도 머리라고 달고 다니나?"

"너 어디 가서 우리 회사 다닌다고 얘기하지 마."

"우리 회사에서는 안 돼."

"지랄을 떨어라."

상처 주는 것도 사람이고, 치유하는 것도 사람이지만, 누군가에게서 말로 받은 상처 때문에 피해 당사자가 치러야 할 희생과 고통은 너무 크고 아플 것이다. 칼로 벤 상처보다 입으로 벤 상처가 더 오래간다고 하지 않았는가? 또한 그 칼은 부메랑처럼 자신에게 다시 온다고 하지 않았는가? 사회에서, 가정에서, 직장에서, 수없이 많은 공간과 관계 속에서 우리는 다양한 소통을 경험하며 산다. 그 안에서 무심코 보내는 말 한마디와 댓글 하나가 누구에겐 희망의 토네이도가 되기도 하고, 때론 절망의 토네이도가 되기도 한다. 어딘가 먼 장소에서 무슨 일이 일어나면 그것은 내가 살고 있는 곳까지 영향을 미치기도 한다. 불특정 다수의 생각과 내 생각이 다르다고 마구 배설한다면 그것은 결국 나 자신에 대한 미움으로 돌아올지도 모른다.

　　당신은 지금 어떤 나비의 날갯짓으로 주변사람들과 소통하고 있는가? 이해, 예견, 기대, 자신, 인내, 겸허, 신념 등 긍정의 날갯짓인가? 아니면 시기, 탐욕, 분노, 자만심, 냉소, 의심, 혹평, 열등감 등 부정의 날갯짓인가? 나비의 날갯짓은 잠깐이지만 남기고 간 흔적은 시공간을 뛰어넘는 '상상초월'이라는 사실을 잊어서는 안 된다. 보이지 않는다고 수많은 대못을 박고, 이 자리에 없다고 생채기를 내어 헐뜯고, 없는 말을 지어내어 가슴을 후벼 파는 일들이 시시각각 일어나는 요즘에, 나비 효과는 상대를 아끼고 배려하는 말 한마디가 왜 중요한지를 일깨워 준다. 생각 없이 쏟아내는 배설과 상처 주는 댓글이 소중한 생명을 앗아가기도 하고, 희망과 용기를 주는 댓글이 비탄에 빠져 있는 이에게 삶의 비아그라가 될 수 있다. 끓어 넘치는 SNS의 날갯짓을 타고 복면 뒤에서 쓴 비난의 댓글이 난무하는 요즘, 한번쯤 생각해 봄직하지 않는가.

왜 귀는 둘이고
입은 하나일까?

끼~익. 갑자기 급브레이크를 밟는 소리다. 함께 탄 동승자들이 깜작 놀란다. 다시 안전벨트를 고쳐 메고 전방을 불안하게 쳐다본다. 동승자끼리 대화를 나누기도 힘들다. 급브레이크 때문에 긴장의 연속이다. 운전을 잘 못하는 사람은 자동차 급브레이크를 필요 이상으로 자주 밟는다. 경청을 하지 않는 사람의 특징은 상대방의 이야기를 끝까지 듣지 않고 브레이크를 곧잘 건다.

세계적인 베스트셀러 작가 스티븐 코비 박사의 저서 ≪인디언 토킹 스틱(Talking Stick)≫에 나오는 이야기다. 미국과 캐나다의 인디언족을 이끌고 있는 족장에게는 '대머리 독수리'라는 이름이 새겨져 있고, 정교하게 조각된 1.5m 크기의 아름다운 토킹 스틱이 있다. 그것은 가장 강력한 소통 도구의 하나로 경청의 의미를 담고 있다.

토킹 스틱은 서로 다른 사람들이 상호존중을 통해 어떻게 상대방을 이해할 수 있는지를 보여준다. 토킹 스틱은 사람들이 모일 때 쓰는데, 이 지팡이를 들고 있는 사람에게만 발언이 허용된다. 토킹 스틱을 갖고 있는 동안에는 누구의 간섭도 받지 않고 다른 사람들을 충분히 이해시킬 때까지 자신의 의견을 말할 수 있다.

이때 다른 사람들은 의견을 말하거나 주장할 수 없고, 찬성이나 반대 표시도 할 수 없다. 그들은 오직 발언하는 사람을 이해하려고 노력하고, 이해했다는 것을 알려 줄 수 있을 뿐이다. 그리고 발언자의 뜻을 좀 더 확실히 이해하기 위해 말한 내용을 확인할 수는 있다.

다른 사람들이 이해한 것 같으면 지팡이를 옆 사람에게 넘겨준다. 이런 식으로 모든 사람들이 말하고 들으면서 완전한 소통의 책임을 진다. 토킹 스틱은 지구상에 존재하는 가장 강력한 경청 도구이다.

모두가 자신의 말을 이해시켰다고 느끼는 순간, 놀라운 일이 일어난다. 부정적 감정과 논쟁이 사라지면서 상호존중의 분위기가 형성되고, 그들은 창조적으로 변한다. 새로운 아이디어가 생겨나고, 제3의 대안이 나온다. 동서양은 오래전부터 설득은 경청으로부터 시작된다는 것을 우리에게 알려준다. 진정한 소통은 상대를 제압하는 것이 아니라 문제를 공유하고 서로에게 공감할 때 이루어진다. 토킹 스틱은 자기보다 상대를 존중해야 하고, 설득을 위해서는 침묵 속의 경청이 중요함을 일깨워 준다. 소크라테스의 위대함! 남의 말부터 들었다는 것이다!

화이자(Pfizer) 회사의 제프 킨들러(Kindler) 회장은 항상 이렇게 말했다. "고객의 목소리에 귀를 열어 놓아야 합니다. 어려울 때든 좋을 때든 소비자들의 목소리만큼 확실한 지표가 없어요. 리더는 어려운 때일

수록 최대한 소비자들과 가깝게 있는 사람들의 이야기를 듣고 또 들어야 합니다. 여기에 해답이 있어요.”

그는 틈만 나면 듣는다고 했다. 항상 바지 주머니에 늘 1센트짜리 동전 10개를 넣고 다닌다. 한 명의 직원과 대화를 하고 그의 의견을 충분히 들었다고 생각이 들면 왼쪽 주머니에 있던 동전 하나를 오른쪽 주머니로 옮긴다. 10개의 동전이 모두 오른쪽 주머니로 옮기면 스스로에게 100점을 준다. 그리고 항상 말하는 것보다 두 배 이상 들어야 하며 직원들과 양방향 소통을 해야 한다고 강조했다고 한다.

왜 귀는 둘이고 입은 하나일까? 말하는 것보다 두 배로 들어야 한다는 의미일까? 보고 싶지 않을 때는 눈을 감아 버릴 수 있는데 왜 귀는 듣고 싶지 않아도 들어야 하는가? 왜 눈과 입처럼 닫는 기능이 없을까? 좋은 얘기도 들어야 하지만 좋지 않은 얘기도 들어야 한다는 뜻이 아닐까? 입 때문에 망하는 사람은 종종 있으나 귀 때문에 망했다는 사람을 들어본 적이 없지 않는가?

논어에 ‘양약고구이어병 충언역이이어행(良藥苦口利於病 忠言逆耳利於行)’이라는 글이 있다. ‘좋은 약은 입에 쓰나 병에는 이롭고, 충고는 귀에 거슬리나 행동에는 이롭다’는 뜻이다.

위의 사례에서 보더라도 리더에게 가장 중요한 태도는 경청임을 많은 이들이 강조하고 있다. 경청하지 않고 서로 자기 주장만 한다면 공감을 이룰 수 없다. 우리나라 사람에게 가장 많이 발생하는 암은 대장암, 위암, 간암이다. 그런데 이보다 더 많이 발생하는 무서운 암이 있다. 바로 직장암(職場癌)이다. 암(癌)이란 한자를 풀어보면 의미가 있다. 입 세 개가 산처럼 음식을 많이 먹어서 발생하는 병이 암이다. 또 다른 해석은 입 세 개가 필요할 정도로 할 얘기는 많은데 산이 가로막고 있어서 하고 싶은 말을 못하니까 스트레스가 산처럼 쌓여 암이 생긴다. 이렇게 해석해 봄직하다. 하루 시간의 대부분을 보내는 것이 직장이다. 직장에서 하고 싶은 말은 많은데 들어주는 이가 없어 가슴에 꼭꼭 숨겨놓고 억압하고 있는 것은 아닌가? 하고 싶은 말은 많은데 털어내지 못하고 가슴에 담아두면 결국 스트레스가 되고 그 스트레스가 암을 유발하게 되는 것이다. 그게 바로 직장에서만 유일하게 발병하는 암이 직장암(職場癌) 이다.

우리나라 직장인 1,000명에게 '어떤 상사나 후배와 함께 일하고 싶은가?'라고 물어 봤더니 '상대방을 배려하고 존중하는 상사와 후배'라고 답했다. 여기서 상대방을 배려하고 존중하는 첫걸음이 바로 경청이다. 경청이란 상대방의 말의 내용은 물론 그렇게 말하는 상대방의 기분, 생각, 욕구를 상대방 입장에서 있는 그대로 이해해주면서 듣는 자세를 말한다. 경청은 귀 기울여 듣는 것이자 사람의 마음을 얻는 최고의 지혜이며 모두가 행복할 수 있는 창조적 공존의 길이다. 또 사람을 사랑하고 이해하는 데 가장 쉬운 방법이 경청이다. 요즘은 듣는 사람보다 말하는 사람이 훨씬 많은 세상이다. 자기주장만 내세우는 이 세상에서 귀를 기울여 듣는 것이 얼마나 큰 성공의 지혜인지를 먼저 알아야 한다. 사람들이 진정으로 원하고 바라는 것은 자신의 말을 들어주고 자신을 존중해주며 이해해주는 것이다. 그래서 경청은 상생이며 이청득심(以聽得心)이라고 하지 않는가.

초등학생 딸이 아빠와 서로 손잡고 걸어가는데 어느 집 대문 쪽에서 커다란 개가 갑자기 딸을 향해 멍~멍~ 하고 짖어 댄다. 아이가 소스라치게 놀라면서 "아빠! 저 개 물어?"라고 물었을 때 대부분의 아빠들은 "쇠사슬에 묶어 있으니깐 못 물어. 아빠가 있잖아, 안 물어."등으로 대답한다. 딸에게 가장 상처 주는 대답은 "개니까 물겠지."다. 아빠의 이런 대답은 딸에 대한 바람직한 경청 자세는 아니다. 질문의 의미는 개가 무느냐? 물지 않느냐가 아니라 딸이 '지금 무섭다'는 것을 표현한 것인데 엉뚱한 대답이 나온 것이다. 다시 말하면 아빠는 딸의 속마음을 읽지 못한 것이다. "아빠는 내 마음을 몰라!" 이러한 행위가 계속 반복된다면 부녀지간의 대화는 단절로 이어진다. 아빠의 올바른 경청 방법은 "개가 물까 봐 무서워하고 있구나."로 표현하는 것이 바람직하다. 물론 딸은 속마음을 이해해 주는 아빠에게 "예, 무서워요."로 대답할 것이다. 이렇게 되면 부녀지간의 소통은 계속 이어진다. "우리

아빠는 내 마음을 너무나 잘 알아. 아빠 사랑해!"

직장에서도 마찬가지다. 예산 담당인 S대리가 과장의 지시를 받고 자재부서와 예산협의를 하다가 서로 의견충돌이 일어났다. 매우 상기된 표정으로 돌아온 S대리는 자리에 앉자마자 직속 상사인 예산 담당 과장에게 "과장님! 이 회사 예산 담당자는 도대체 누구입니까?" 하고 퉁명스럽게 묻는다면, "너잖아."라고 대답할 상사는 거의 없을 것이다. 대부분의 상사는 "누가 S대리의 예산 담당 업무를 침범했어?"라고 할 것이다.

이렇게 대답하면 부하의 마음을 읽어주고 배려하는 상사를 존경하게 되어 상하 간에 협력도 잘 이루어질 것이다. 경청할 때 중요한 것 중의 또 하나는 듣는 자세이다.

1) 경청(LISTEN)은 소통의 기본이다.

듣는다의 LISTEN의 L은 Learn(배우기), I는 Ing(대화중에 끊지 않기), S는 Smile(웃으면서 화답하기), T는 Touch(마음으로 공감하기), E는 Eye contact(시선 맞추기), N은 Nodding(고개 끄덕이기)의 의미로도 해석할 수 있다.

2) 경청의 SMART법

S : Subject(주제)

말을 들을 때 주제를 생각해야 한다. 그리고 내용이 어떤 것인지 살펴서 주제에 벗어나지 않도록 한다. 주제는 방향을 알려주는 북두칠성이다.

M : Materials(자료)

어떤 사례를 가지고 이야기하는지 관심 있게 듣는다. 설명하는 자료의 출처와 그 내용에 유의하면서, 얼마나 설득력 있게 Back up해주는지에 주목한다.

A : Assertion(주장)

핵심적인 내용이 무엇인지 찾아야 한다. 여러 가지 주장하는 것보다 Key word를 찾아서 주제와 연결되는지 확인한다.

R : Reaction(반응)

어떻게 반응할지를 스스로 판단하면서 들어야 한다. 동의하면 왜 동의하는지, 반대한다면 무슨 이유로 반대하는지 생각하면서 듣는 자세가 중요하다.

T : Trademark(특색)

다른 사람들의 주장과 다른 것은 무엇인지 찾아본다. 이야기의 주제와 관련성이 있는지 특색을 알아본다.

3) 경청의 1.2.3법

상대방으로 하여금 말을 많이 하도록 유도하는 방법이다. 내가 상대에게 얘기할 때는 1분 정도 얘기하고, 2분 정도 상대의 얘기를 들어주고, 3분 동안 세 번의 맞장구를 치는 대화 방법이다. 여기의 시간은 물리적 시간이므로 꼭 맞출 필요는 없다. 단지 많이 듣도록 하는 자세를 강조한 기법이다.

많은 사람들은 말을 잘하기 위해서 시간과 돈을 투자하여 스피치 교육을 받는다. 대학에도 스피치 학과는 있어도 경청학과는 없다. 미국의 모 대학에서 경청학과를 개설했다가 신청한 학생이 없어 폐지한 적이 있다. 진정 말을 잘하고 싶다면 경청하는 방법을 터득하라.

듣지 않고 상대의 성품을 알 수 없고,

듣지 않고 상대의 품성을 알 수 없고,

듣지 않고 상대의 욕구를 알 수 없고,

듣지 않고 상대의 마음을 알 수 없다.

낙하산은 펴지지않으면 죽는다.

소통은 경청의 날개를 펴지 않으면 단절된다.

무조건 들어라!

설득의 기본은 경청으로부터 시작한다.

에피소드와 유머도
소통이다

인디언 우화에 재미있는 이야기가 있다. 할아버지가 무릎에 손자를 앉혀놓고 이야기를 하고 있다. 할아버지가 말하기를 "사람들의 마음에는 항상 두 마리의 늑대가 싸우고 있단다. 한 마리는 평화와 사랑의 늑대이고 다른 한 마리는 탐욕과 공포의 늑대이다. 네가 보기에는 어느 늑대가 이길 것 같으냐?" 소년이 답하기를 "제가 어느 쪽에 밥을 더 주는지에 달려 있어요."

미국 사우스웨스트항공의 공동창업자인 허브 갤러허 회장은 즐겁고 재미있는 직장을 만들기 위해 '유머 경영'을 중시하고 실천한다. 그는 경쟁업체와의 항공 노선 배분을 놓고 협상을 벌이다가, 경쟁사 CEO에게 팔씨름으로 승부를 겨루자고 제안한다. 이뿐만 아니라 점잖은 오찬장에 가수 엘비스 프레슬리 복장으로 등장해 주변을 깜짝 놀라게 만들기도 한다. '일은 재미있어야 한다.'는 것이 허브 갤러허의 경영철학이며, 그는 이 철학을 몸소 실천하는 CEO이다. 또 지난 20년간 미국 항공사로서는 유일하게 단 한 차례의 노사분규도 겪지 않았고, 미국 언론에서 해마다 선정하는 ‘시간을 가장 잘 지키는 항공사’ ‘고객 불만이 가장 적은 항공사’ 순위에서 1~2등을 차지하고 있다. 이 같은 성공 배경에 허브 갤러허의 유머 경영이 한몫을 했다. 그는 직원을 채용할 때에도 유머 감각이 있는 지원자들에게 후한 점수를 준다. 유머가 있는 직원들이 창의력이 있고 자발적으로 회사에 충성한다는 논리다. 그는 팀원들과 즐겁게 일할 수 있는 사람들을 좋아한다고 말한다. 사우스웨스트 항공사 직원들의 유머 감각은 회장 못지않다. 기내 안전수칙을 랩으로 만들고, 금연 안내 방송을 할 때는 “담배를 피우실 분들은 밖으로 나가 비행기 날개 위에 앉아 피우시기 바랍니다. 오늘 흡연하시면서 감상할 영화는 ‘바람과 함께 사라지다’ 입니다.”라는 식이다.

허브 갤러허 회장은 경이적인 경영실적을 이루고 그 원동력을 “직원들이야말로 회사의 가장 중요한 고객이다.”라고 말하며 모든 공적을 직원들에게 돌린다. 사우스웨스트항공이 경쟁사보다 임금 수준이 높지 않은데도 불구하고 이직률도 매우 낮다. 열정과 재미나는 직장이 주는 효과는 물질적 보상만으로는 조직의 활력을 보장할 수 없다는 점을 일깨워 준다.

“인간은 사회적 동물이다.” 너무 거창한 이 말을 수없이 들어왔다. 고등학교 때는 사회 선생님에게 들었고, 대학 때는 철학 교수에게 귀에 못 박힐 정도로 들었다. 쉽게 풀이하면 혼자 사는 것이 아니라는 뜻일 게

다. 독불장군처럼이 아니니 더불어 함께 살아야 함을 강조하는 말이다.

회사에서는 팀이 있고, 사회에서는 다양한 모임들이 있다. 여성들의 계모임부터 등산, 바둑, 꽃꽂이, PC모임 등 인포멀 그룹들이 즐비하다. 이들 모임에는 목적이 뚜렷하지만 목적만으로 모임이 유지되는 것은 아니다. 함께 어울리려면 서로 마음이 통해야 한다. 재미가 있어야 한다. 감동이 묻어 나와야 한다. 그래야 팀과 모임의 응집력이 생긴다. 응집력을 받쳐주는 에너지는 에피소드와 유머의 활용이다. 에피소드와 유머도 엄연한 소통이다. 사막의 오아시스다. 분위기를 반전시키는 강렬한 메시지를 준다.

천재 아인슈타인도 골프를 배웠다. 골프코치는 여러 가지를 코칭했다. 왜냐하면 아인슈타인은 천재니까 빨리 습득할 수 있을 것으로 생각했다. 그러나 코치의 생각대로 되지 않았다. 오히려 화가 머리 꼭대기까지 난 아인슈타인은 골프공 여러 개를 집어서 "코치님, 이 공을 받으세요." 하고 코치를 향해 던졌다. 그러나 코치는 한꺼번에 날아오는 여러 개의 골프공을 하나도 잡을 수가 없었다. 아인슈타인은 다시 골프공 하나만 집어서 코치에게 던졌다. 코치는 쉽게 골프공을 잡았다. "코치님, 이것저것 여러 가지를 한꺼번에 가르치지 말고 제발 하나라도 똑바로 가르쳐 주세요." 요점과 깊이를 강조하는 에피소드이다.

에피소드나 유머는 마무리 2%를 채우는 소통의 힘이며 시대에 맞는 코드이다. 2%를 채운다면 메시지의 설득력에 날개를 다는 것이다. 마크 트웨인은 도박을 하면 안 되는 달이 있다고 하면서 이런 말을 했다. "1년 중에 특히 도박을 하면 안 되는 달이 있어요. 1월, 9월, 그리고 2월, 10월, 그 다음에 3월, 5월, 6월, 8월, 11월, 12월, 그리고 4월과 7월이지요." 그러면 도박해도 되는 달은 몇 월인가를 따져보지만 그런 달은 없다.

우리나라 국회에서 국무총리와 의원들의 질의와 응답하는 장면을 보면 표정과 자세부터 사뭇 다르다. 서부활극의 총잡이처럼 적의에 찬 모습이다. 비장한 각오가 보인다. 눈과 표정은 로마시대의 검투사나 다름없다. 질의에 응답하는 것보다 질의자에게 먼저 공격한다. 말꼬리를 잡는다. 상대 당이 정권을 잡았을 때의 옛 애기부터 꺼내 공격한다. 질의에 응답하는 것이 아니라 과거사를 놓고 벌이는 투쟁이다. 수많은 지식과 지혜로 담금질한 능력은 온데간데없다. 오아시스가 없는 사막이나 다름없다. 질의응답에 물리적 힘과 저질의 대화만 난무한다. 에피소드도 없고 유머도 없는 난장판이다. 소통의 장이 아니라 불통의 난장판이다.

미국 사람들이 가장 존경하는 링컨 대통령은 사실 호감을 가진 얼굴은 아니다. 의회에서 한 야당의원이 링컨에게 '두 얼굴을 가진 이중인격자.'라고 악의적인 비난을 퍼 부었을 때 링컨은 "만일 나에게 두 얼굴이 있었다면 왜 이런 중요한 자리에 하필 이 얼굴을 가지고 나왔 겠습니까?" 얼마나 멋진 응수인가. 재치와 유머가 살아있는 말이다.

직장에서도 에피소드와 유머 있는 리더가 인기가 있다. 베스트셀러 중에 ≪웃기는 리더≫도 있다. 잘생기고 재미없는 사람보다 스토리텔링을 잘하고 유머 있는 사람이 더 인기가 있다. 지능지수(IQ)보다 엔큐지수(EnQ:Entertainment Quotient)가 높아야 한다.

윈스턴 처칠은 영국 총리 두 번을 한 인물로서 키는 160cm를 겨우 넘고 뚱뚱하고 대머리이다. 일그러진 인상에 등은 굽어 있고, 목과 어깨는 붙어있다. 학교 다닐 때 점수는 낙제 수준이었고, 사치스런 삶을 살았다. 귀족이지만 유산은 없었다. 그럼에도 그는 2002년 BBC에서 설문 조사한 가장 위대한 영국인으로 선정된 인물이다. 처칠에게는 재미있는 에피소드와 유머가 많다. 처칠이 하원 후보로 출마했을 때 처칠의 상대 후보는 인신공격도 마다하지 않았다. "영국은 아침에 늦게 일어나는 게으른 정치인을 필요로 하지 않습니다. 그런데 처칠은 늦잠꾸러기라고 합니다. 저렇게 게으른 사람을 의회에 보내서야 되겠습니까?"

상대의 말에는 날카로운 가시가 숨어있었다. 그러나 처칠은 눈 하나 깜짝하지 않고 태연한 표정으로 응수했다. "여러분도 나처럼 예쁜 마누라를 데리고 산다면 아침에 결코 일찍 일어날 수 없을 것입니다." 연설장은 폭소가 터졌다고 한다.

상대의 공격을 직설적으로 듣고 직설적으로 뱉어버린다면 나를 공격해오는 사람을 원망할 것이다. 유머로 받아치는 방법을 익히는 일이 중요하다. 찰스 디킨스는 질병과 슬픔이 있는 이 세상에서 우리를 강하게 살도록 만드는 것은 웃음과 유머밖에 없다고 했다. 유머러스한 태도는 나를 여유롭게 만들고, 화내지 않으면서, 세상의 어리석음을 꾸지람할 수 있는 탁월한 방법이다. 처칠은 총리가 된 후에도 이 유머를 한 번 더 업그레이드했다.

총리 시절에 국회에 지각한 처칠은 의원들로부터 많은 질타를 받았다. 중요한 안건을 상정한 날에 지각을 했으니 "미안합니다." "다시는 이런 일이 없도록 하겠습니다." 등으로 사죄를 하는 것이 일반적인 예의임에도 불구하고 유머로 응수했다.

"앞으로 이렇게 중요한 회의가 있는 전날에는 마누라와 각방을 쓸 생각입니다."

대기업 국유화를 놓고 치열한 설전을 벌이던 의회가 잠시 정회된 사이 처칠이 화장실에 들렀다. 의원들로 만원이 된 화장실에는 빈자리가 딱 하나 있었는데 그곳은 국유화를 강력히 주장하는 노동당의 당수 애틀리의 옆자리였다. 하지만 처칠은 다른 자리가 날 때까지 기다렸다. 이를 본 애틀리가 물었다. "제 옆자리가 비어 있는데 왜 안 쓰는 거요? 혹시 저한테 뭐 불쾌한 일이라도 있습니까?" 처칠이 말했다.

"천만에요 괜히 겁이 나서 그럽니다. 당수님은 뭐든 큰 것만 보면 국유화하자고 주장하시는데 혹시 제 것을 보고 국유화하자고 달려들면 큰일이 아닙니까?"

간디의 영국 유학 시절, 자신에게 절대로 고개를 숙이지 않는 젊은 학생을 아니꼽게 여기던 피터스라는 교수가 있었다. 하루는 간디가 식당에서 점심을 먹고 있는데 피터스 교수가 옆으로 다가와 앉았다. 피터스 교수는 거드름을 피우며 그에게 얘기했다.

피터스 교수 간디씨, 아직도 잘 모르는 모양인데, 돼지와 새가 함께 앉아서 식사를 하는 경우는 없다네.

간디 예, 걱정 마십시오. 교수님. 제가 다른 곳으로 날아가서 맛있게 식사하겠습니다.

(피터스 교수는 순식간에 돼지가 되어 버렸다. 복수심에 불탄 피터스 교수는 분을 삭이며 많은 학생들 앞에서 망신을 주려고 다음과 같은 질문을 던졌다.)

피터스 교수 간디씨, 길을 가다가 두 개의 자루를 발견했네. 하나는 돈이 가득 들어 있는 자루고, 다른 자루는 지혜가 가득 들어 있네. 한 자루만 가질 수 있다면 어떤 쪽을 택하겠는가?

간디 당연히 돈 자루를 가지겠습니다.

피터스 교수 쯧쯧, 나 같으면 지혜의 자루를 선택했을 것이네.

간디 그거야 뭐, 피차 자신이 부족한 것을 선택하는 것 아니겠어요?

(지혜 없는 교수가 되어버린 피터스 교수는 히스테리 상태에 빠졌다. 약이 바짝 오른 피터스 교수는 만점에 가까운 간디의 시험지에 'idiot(바보 멍청이)'라고 적은 후 그에게 돌려주었다. 점수가 없는 시험지를 받은 간디가 교수를 찾아가 다음과 같이 말했다.)

간디 교수님, 제 시험지에 점수는 적혀있지 않고, 교수님의 서명만 있네요.

나른한 어느날 오후,

남편이 부인에게 문자를 보낸다.

"여보, 우리가 살아가는데 꼭 필요한 금이 세개 있어요.

하나는 황금이고, 두번째는 음식을 만들때 필요한 소금이고 마지막으로는 당신과 내가 살아 있는 지금입니다."

부인은 남편의 문자에 즉시 소통한다.

여보 저에게도 소중한 금이 세개 있습니다. "현금, 지금, 입금"이에요.

긴장의 순간순간마다 심각하고 중요한 의사결정을 해야 하는 중압감을 유머로서 분위기를 반전시킬 수 있는 리더가 필요한 시대다. 방금

캐낸 봄나물의 향기처럼 대화에도 풋풋하게 묻어나오는 우리들의 에피소드와 유머가 필요하다. 시장 상인들에게서 나오는 질펀한 얘기도 좋다. 경험한 내용이면 더욱 좋다. 실감 나기 때문에 스펀지처럼 흡수력이 강하다. 백화점에서 점원과 다툰 얘기라면 더욱 현실감이 있다. 음식점에서 식사하면서 나누는 얘기는 더욱 좋다. 어린아이부터 나이든 어른까지 살아온 연륜에 따라 에피소드와 유머의 색깔이 다르다. 유머는 즐거운 기분에서 저절로 형성되는 것이 아니라 세상을 밝게 긍정적으로 바라보려는 관점에서 나온다. 기쁠 때나 슬플 때나 밝을 때나 어두울 때나 항상 에피소드와 유머를 즐겨라. 그것은 즉흥적인 감정이 아니라 소통이며, 긍정적인 삶에 대한 인생관이다.

말과 글은 부정문이 있지만 웃음에는 부정문이 없다.

소통의
권력 구조를 깨자

소통의 구조는 수직이 아닌 수평이다.

공직자를 대상으로 하는 강의에 가면 통과 의례가 있다. 교육 진행자가 황급히 달려와서는 청장님을 뵙고 인사하라는 경우가 그것이다. 강의 준비를 위해 노트북 세팅하랴, 수강자의 분위기 파악하랴, 교육에 필요한 내용을 피드백 받으랴, 앞의 강사의 강의 내용과 중복이 되지는 않는지, 뒤에 강의하는 강사의 원고는 어떤 내용으로 편집되어 있는지, 눈코 뜰 새 없이 준비 사항이 많은데 고스란히 청장에게 귀중한 시간을 봉사하고 만다. 사실 청장의 얘기보다 교육담당자의 얘기가 강사에게 더 필요하다. 대상자의 연령, 남녀 비율, 어떤 업무를 하는 수강자 등인지 사전에 파악하는 것이 강의에 보탬이 된다. 청장과 자리를 함께한 진행자는 아무 말도 없이 청장의 눈치만 본다.

"오늘 강의 주제가 뭔가?"

아뿔사. 격무에 시달려서인지 모르겠지만 청장이란 사람이 직원들 교육 주제도 모르고 강사 앞에서 물어보면 나는 어떡하라는 건가?

"예, 리더십입니다."

“내용은?”

“평소에 청장님께서 말씀하신 변화 리더십이 주 내용입니다.”

담당자는 동전 교환기의 투입구에서 동전이 튀어나오듯 청장의 구미에 맞는 말만 한다. 실무자는 청장의 애기에 “예, 그렇습니다.” 하고 추임새만 넣는다. 제대로 수강자의 분위기를 파악하지 못한 채 강의에 들어간 강사는 꼬인 매듭을 푸는 데 10분 이상 뜸을 들여야 한다. 청장 앞에서는 입에다 자물쇠를 잠갔던 담당자도 강의 후 쉬는 시간에 쉬지 않고 불평의 보따리를 풀어낸다. 강의 시작 전에는 청장이 강사의 시간을 뺏고, 쉬는 시간에는 담당자가 휴식을 방해한다. “우리 청장님은 어떻고……. 무슨 당이며……. 어느 당 국회의원의 동아줄을 잡고 있다. 가신들 몇 명이 요직에 앉아 있어 말조심해야 한다.”는 등 고삐 풀린 망아지처럼 순서 없이 쏟아낸다. 어디로 튈 줄 모르는 럭비공처럼 주제도 다양하다. 그동안 참고 있느라고 속 많이 탄사람 같다.

외국 사람들은 언어구조가 우리말처럼 깍듯한 존댓말이 별로 없어서인지 몰라도 10대와 50대간에도 매우 자연스럽게 얘기하는 것을 본다. 어떤 때는 신랄하게 따지기도 한다. 하고 싶은 말은 거리낌 없이 다 한다. 문화의 차이는 있지만 외국 드라마나 영화에서 보면 부러울 때가 많다. 우리말은 “말씀드린 바와 같이……” “제가 올릴 말씀은……” 등 상대에 따라 소통에 신경을 많이 써야 한다. 직장에서 상사들은 "요즘 신입사원들하고 대화가 되지 않는다."고 푸념한다. 속초에서 D공사에서 강의할 때 50대로 보이는 어느 부장의 하소연이다. 부서 회식하자고 하면 대부분 직원들이 "친구와 선약이 있어 참석 못하겠다."고 말한단다. 오늘 갑자기 회식한다고 하면 미리 약속한 친구들에게 실없는 사람이 된다면서 참석이 어렵다고 말한다는 것이다. "우리가 신입사원 때는 아무리 중요한 약속이라도 취소하고 회식에 참석했다."며 부장은 입에 거품을 문다. 옛날에는 부장이 주관하는 회식에 불참한다는 것 자체가 곧 불경죄에 해당된다. 무언의 스트레스에 시달렸다. 2차는 회식장소와 불과 50m거리에 있는 노래방에 가기로 예약되었지만 참석자는 과장 두 명뿐이다. 그나마 회식에 참석했던 다른 직원들이 썰물처럼 빠져 나간 후다. 부장은 "참석해야 소통을 하지요?" 오히려 강사에게 볼멘소리로 역공한다. 강사인들 이 상황에 뾰족한 대안이 있겠느냐는 식이다.

부장에게 물어본다. "부장님! 노래방 가면 자주 부르는 애창곡이 뭐예요?"라고 물어보면 주로 굳세어라 금순아, 두만강아 잘 있거라, 조용필의 여행을 떠나요 등 애창곡이 많이 나온다. 아니면 그 비슷한 노래들이 나온다. 부르는 레파토리가 모 방송국의 가요무대를 방불케 한다. 부하 직원들은 가요무대가 펼쳐질 동안 노래방 버튼 맨 역할이나 하고 있다. 요즘 신세대들이 좋아하는 아이돌 그룹의 노래는 씨알도 없다. 신세대들이 흥이 나야할 노래방에서 오히려 흥이 죽는다. 도 망갈 수밖에 없는 원인이 오히려 부장들에게 있는 것이다. 부장이라 면 잘 부르지 못해도 신세대 노래 한 곡 정도는 읊조릴 줄 알아야 한 다. 잘못 부르면 신세대들이 "이렇게 부릅니다. 부장님!"하고 멘토 역 할을 자청할 것이다. 그리고 구태의연한 번개회식보다 며칠 전에 미리 알려주어서 약속 일자를 조정할 수 있도록 배려하는 것도 바람직하다.

소통의 분위기를 만들 필요가 있다. 그들에게 옛날 얘기를 억지로 강요한다는 것은 조선 시대 때나 있을 법한 이야기로 생각할 뿐이다. 수직적인 가정환경과 직장문화에 익숙한 선배들이 다양한 가치관을 가진 후배들과 소통하기란 여간 어려운 것이 아니다. 그들이 즐기는 문화체험, 그들이 소통하는 신세대 용어, 그들이 즐겨 부르는 요즘의 애창곡에 관심을 가질 필요가 있다. 사회 전반적으로 인력 계층 구조 가 바뀌었고 소통 대상과 방법, 색깔 모두가 달라졌다.

상명하복의 군대도 바뀌고 있다.

육군 소장으로 전역한 후배가 있다. 예편을 앞두고 전화가 왔다. 다음 주 일요일에 부대 근처에 오면 자기가 한 턱 내겠다는 전화다. 예 편하기 전에 만나 그동안 소홀했던 관계를 복원하자는 의미 같다. 맛 있게 식사하고 커피를 마시는데 후배 사단장이 "선배님! 요즘 신세대 가치관은 어떻습니까?" 하고 물었다. 기성세대와 신세대에 대한 사고의 차이점과 소통 방법 등을 설명했다. 설명이 끝나기 무섭게 물었다.

"선배님 월요일 강의가 있습니까?"

"없는데……."

"그럼 선배님은 오늘 하루 여기서 쉬고 내일 아침 신세대 가치관에 대해 장교와 하사관을 대상으로 1시간 강의를 부탁합니다."

하도 간곡한 부탁이라 거절하지 못하고 1박을 했다. 사단장 후배에게 교육에 대한 필요성을 물었더니 깜짝 놀랄 만한 이야기를 했다.

며칠 전 비상훈련 때 황당한 일을 겪었다고 한다.

사단장　부관! 불시점검을 하고 보고하게.

부관　예! 알겠습니다. 사단장님!

(전화로 불시점검하던 부관의 화난 목소리를 듣고는 사단장은 부관의 전화기를 뺏어 들었다.)

사단장　나 사단장인데 전화 받는 자는 어느 장교인지 관등성명 대.

정일병　충성! 정○○ 일병, 전방근무중 이상무!

(사단장의 전화 받은 군인은 놀랍게도 장교가 아니라 초소에서 근무하는 초병이 전화를 받은 것이다. 사단장은 전화기를 내려놓기가 멋쩍어서는.)

사단장　별일 없지?

정일병　"예, 사단장님 걱정 붙들어 매십시오.

사단장 그래, 수고해라.

(전화기를 내려놓으려고 하는데 느닷없이 정○○일병의 다급한 목소리가 들린다.)

정일병 사단장님! 드릴 말씀이 있습니다.

(이게 웬일인가? 군 생활한 사람들은 알겠지만 원래 일병이라는 계급은 사단장에게 드릴 말씀이 없는 계급이 아닌가? 사단장은 전화를 끊지 못하고.)

사단장 무슨 급한 일인가?

정일병 사단장님, 저를 얼마나 못 믿었으면 이 시간에 전화하셨습니까? 제가 어련히 알아서 하겠습니까.

사단장 …….

그 다음날 후배 사단장은 연대장 실에서 모닝커피를 하면서 어제 저녁에 있었던 황당한 일을 연대장에게 말했다. 머리 끝까지 화가 난 연대장은 전화기를 들었다.

연대장 김 중대장! 어제 저녁에 사단장님 전화 받은 놈 하고 너, 눈썹이 휘날리도록 내 사무실로 와.

(김 중대장은 아닌 밤중에 홍두깨 맞은 양 어리둥절했다. 불문곡직하고 화가 난 연대장의 이유가 뭔지 알고 싶었다.)

중대장　정 일병! 혹시 사단장이나 연대장하고 집안의 사돈에 8촌쯤 되나?

정일병　아닙니다. 중대장님.

중대장　그럼 연대장이 자네를 왜 부르는가? 잘 생각해 봐.

정일병　예, 어제 저녁에 초소에 근무하는데 사단장님 전화가 왔었습니다.

중대장　정 일병, 그 사실을 왜 보고하지 않았나?

정일병　중대장님, 전화 내용이 별것 아닙니다.

중대장　별것 아니라도 참고삼아 나한테 얘기해 봐. 주고받은 얘기 한 톨도 빼지 말고.

정일병　다른 얘기는 하지 않았고요 근무 잘하고 있으니까 다시는 전화하지 말라고 했습니다.

중대장　…….

거리낌 없이 당당하게 말하는 수평적 소통에 익숙한 신세대 장병들과 수직적 소통에 이골이 난 장교와 하사관들과의 갈등은 필연이다. 이들과 마음과 마음을 이어주는 감성 소통을 발휘하여 사고 없이 군복무를 마치고 부모의 품으로 돌려보내야 하지 않는가. 후배 사단장은 소통의 중요성을 잘 알고 실천하는 참 군인이다.

소통은
삼사일언(三思一言)해야 한다

상하이 초등학교 3학년 남학생이 주말에도 쉬지 않고 일하는 아버지에게 물었다.

"아빠 하루에 얼마 벌어요?"

"30위안 밖에 못 번다."라고 심드렁하게 대답했다.

그로부터 한 달이 지난 토요일 아침, 소년은 막 출근하려는 아버지를 막아서며 말했다.

"아빠? 오늘 하루 아빠를 사면(고용) 안 되나요?" 하고는 호주머니에서 지폐를 두 장 꺼내 아버지 손에 쥐어 주었다. 40위안이었다. 이 소년은 이 돈을 모으기 위해 한 달 밥값을 내지 않고 매일 점심을 만두 두 개로 때우고 40위안을 모았다. 소년은 30위안으로 아버지를 사고 나머지 10위안으로 공원입장권과 아버지 도시락을 사려고 했다.

중국 상하이 저널에 실렸던 이야기이지만 애잔한 감동이 다가온다. 아들이 아버지를 사겠다는 발상도 충격이지만 먹고 살기 위해 주말을 반납해야 하는 우리나라 아빠들도 이 이야기를 들으면 많은 사람들이 동감할 것 같다.

잠자는 아이를 보고 출근하고, 잠자는 아이의 얼굴 보고 잠드는 우리네 직장인들의 모습과 흡사하다. 학교 선생님이 미술 시간에 아버지의 모습을 그리라고 했더니 어느 학생은 아버지의 잠자는 모습을 그렸다. 휴일에 자기와 놀아주지 않고 잠만 자는 피곤한 아버지의 모습이 제일 많았던 것이다. 요즘 10대 자녀들이 아빠와 하루 5분 정도 대화하면 많이 한다고 한다.

우리 사회에서 가장 큰 문제가 무엇이냐고 물으면 대부분 '소통의 부재'라고 이야기한다.

커뮤니케이션과 소통을 혼용하여 사용하기도 하지만 엄밀하게 정의하면 다르다. 소통(疏通)의 '소(疏)'는 '트다'라는 뜻을 가진 '트일 소'다. 하지만 '커뮤니케이션(communication)'의 어원은 '공통'이라는 개념의 라틴어 '커뮤니(communi)'라는 단어에서 출발된다.

흔히 '공통'이라는 개념이 있기 때문에 같은 뜻이 아니냐고 생각할 수도 있지만 이는 근본적으로 다르다. 소통은 말 그대로 '트고 나서 통함'이다. 다시 표현한다면 먼저 자신의 생각과 마음을 상대방과 함께할 수 있도록 준비를 해야 통할 수 있다. 소통이란 막히지 않고 잘 통해서 오해가 없음을 말한다.

까다로운 질문을 던지기로 유명한 중국 송나라 사신이 고려에 오게 되었다. 왕은 학문에 조예가 깊으면서도 성질이 괴팍한 사신을 상대할 대신을 물색하였으나 모두가 응하지 않았다. 상대할 사람이 없자 왕은 결국 방을 붙여 후보자를 뽑았는데, 바보로 소문난 한 젊은이가 선발되었다. 거만한 표정으로 도착한 중국 사신이 도착해 바보 청년을 보자마자 두 손의 엄지와 검지를 붙여 사각형을 그려 보였다. 이에 바보 청년은 두 손의 엄지와 검지를 붙여 둥글게 만들어 보였다. 그러자 당황한 사신이 손가락 네 개를 펴 보였다. 바보는 손가락 세 개를 펴 보였다. 더 당황한 사신이 이번에는 수염을 쓰다듬었다. 이에 질세라 바보는 자기의 배를 쓰다듬었다. 이에 사신은 얼굴이 하얗게 질려서 송나라로 돌아가 버렸다. 주위에서 이 광경을 지켜보던 사람들이 돌아가던 사신에게 물었다.

“왜 이렇게 도망가듯이 돌아가십니까?”

사신은 대답했다.

“내가 손으로 사각형을 그리며 ‘땅의 이치를 아느냐’고 물으니 그는 원을 그리면서 ‘하늘의 이치도 안다’고 했고, 내가 네 손가락을 펴서 ‘사서를 아느냐’고 물으니, 그는 세손가락으로 ‘삼경도 안다’고 했다. 내가 수염을 쓰다듬으며 신농(神農) 씨를 아느냐고 묻자 그는 배를

●**신농(神農)** 중국의 전설에 나오는 삼황의 하나. 사람들에게 농사짓는 법을 가르쳤으며, 팔괘를 겹쳐 육십사괘로 점을 보는 방법을 만들고, 오현금을 만드는 등 농업, 의약, 음악, 점술, 경제의 시조로 알려져 있다.

쓰다듬으며 복희(伏羲)˙ 씨도 안다고 답했다. 이런 대단한 사람이 고려에 있다니 내가 돌아갈 수밖에 없지 않는가?”

한편 까다롭고 괴팍한 사신을 물리친 바보에게 크게 놀라며 왕과 대신들이 연유를 물어보았다. 바보는 어머니가 준 떡을 배불리 먹고 사신을 만나러 갔기 때문에 “사신이 네모난 떡을 먹었느냐고 묻기에 당연히 둥근 떡을 먹었다고 했고, 네 개를 먹었느냐고 묻기에 세 개만 먹었다고 했고, 떡이 맛있었느냐고 수염을 쓰다듬기에 배가 부르다고 했지요.”라며 엉뚱한 대답을 했다는 것이다.˙˙

두 사람은 중요한 일로 만나 소통했지만 전혀 다른 생각을 하고 있었던 것이다.

개그 같은 이야기이지만 소통은 공통성이 있으나 동일성이 없음을 시사해 준다. 다시는 회상하고 싶지 않은 사건이지만, 1993년 7월 26일 전남 해남군 운거산에 추락, 66명의 사망자를 낸 아시아나 보잉 737여객기의 사고원인은 조종사가 과실로 낮은 비행고도를 선택한 것이었다. 당시 CVR(Cockpit Voice Recorder;조정석 음성 기록장치) 해독 결과에

●**복희(伏羲)** 삼황 가운데 처음으로 꼽히는 고대 중국의 전설상의 제왕. 수렵과 어로를 가르치고 역의 팔괘를 고안하였다고 전한다.

●●출처 : 생각, 디자인하라(박경록)

의하면 사고기가 추락하기 15초전 기장이 부기장에게 계속 하강하라고 지시한 것으로 보아서 기장이 활주로를 육안으로 보기 위해 위험한 저공비행을 강행한 것으로 추정되었다.

사고 당시의 기장과 부기장의 대화 내용은 다음과 같았다.

기 장 다 지나갔어.(의미를 알 수 없는 질문을 던짐) 안되겠다. 밑으로 더 밑으로.

부기장 들어온지 얼마 되지 않아서…….

기 장 고도 1천6백, 7백…… 오~맙…….

이후 8초간 엔진소리가 심하게 들린 뒤 '쾅' 소리와 함께 녹음이 끊어졌다.

교통부와 언론은 그 음성기록은 다음과 같이 분석했다. 두 사람의 대화중 '다 지나갔어.'라는 기장의 말은 사고 지점 앞에 위치한 운거산을 지나왔다는 애기다. 부기장이 말한 수치는 '1600피트의 고도를 유지해야 하는데 1700피트 밖에 안된다.'는 뜻이다. 부기장의 마지막 말은 '이 비행기를 조종한지 얼마 안 돼서.'로 풀이할 수 있다.

그러나 실제 비행기 조종석에서 조종경험을 가진 기장들의 해석은 달랐다. 이들은 대화중의 수치를 '현재 고도가 1,600피트에서 1,700피트를 왔다 갔다 한다.'라는 의미로 받아들였다. 부기장의 마지막 말도 '목표 접근 지역에 들어온지 얼마 되지 않았는데 고도를 이렇게 낮추어도 되느냐?'라는 항의로 이해했다. 대부분의 사람들에게 무리 없이 받아들여지던 교통부와 언론의 최초 해석이 조종사들의 지식과 경험으로 봤을 때는 있을 수 없는 일들에 불과했다. 사람들은 자기가 경험한 내용과 지식을 기반으로 소통하려는 경향이 있다. 이와 같은 말의 특성 때문에 소통이 제대로 안 되는 것이다.

더구나 기장과 부기장의 상명하복이 철저한 문화속에서 제대로 소통할 수가 없다. 우리나라가 다른나라보다 비행기 사고가 많이 나는 이유는 기장과 부기장의 권력간격지수가 높기때문이다. 잘못된 소통 문화가 사고 를 부른셈이다. 외국 컨설팅 업체가 오죽했으면 우리말보다 영어로 소통하라고 조언 했을까.

요즘은 스마트폰, 트위터, 페이스 북, 카카오 톡, 밴드 등 소통의 도구가 흘러 넘쳤음에도 소통이 더 안 된다고 한다. 가깝게 있는 가족보다 멀리 있는 사람과 소통이 더 잘 된다. 상하 간의 소통, 부모와 자녀와의 소통, 계층 간의 소통, 노사 간의 소통, 정부와 국민 간의 소통, 지역 간의 소통, 종교 간의 소통 등이 문제가 된다. 특히 세대 간의 소통은 사회적 문제로 대두되고 있다. 기계가 아닌 이상 소통으로 인한 갈등은 사람에게 있기 마련이지만 불필요한 오해와 갈등으로 사회적 비용이 지출된다면 관리할 필요가 있다.

CEO가 새로운 프로젝트나 경영제도를 도입할 때 임직원의 의견을 무시하고 일방적으로 시행하는 경우는 드물다. 왜냐하면 제도를 수행하는 사람은 직원들이기 때문에 공감을 얻어야 한다. 직원들의 마음을 얻지 않고 제도를 정착하기란 쉽지 않다. 물론 공감을 얻기 위해서는 설명과 설득이 필요하니 시간이 늦어질 수 있으나 공감만 이루어지면 오히려 성공확률이 높을 뿐만 아니라 실행속도도 빠르다.

마거릿 대처는 '공감능력이 사람을 부른다.'고 하였고 경영의 귀재 잭 웰치는 '한 가지 주제로 직원들과 열 번 이상 대화하지 않았다면 공감이 이루어졌다고 생각하지 마라.'고 경고한다. 그리고 그는 '직원들의 공감을 얻기 위해서 대화하고 또 대화했다.'라고 말한다.

나는 열 번을 이야기하지 않으면 한 번도 얘기 하지 않는 것과 같다고 생각한다. 특히 그는 조직의 핵심가치에 대해서는 700회 이상 대화하더라도 지나치지 않다고 강조한다.

공감은 고운 말부터 시작된다. 어떤 사람은 배설하는 언어를 쓰는가하면 어떤 이는 배려하는 언어를 쓴다. 인디언들에게 소통은 생명의 숨결이자 영적상태를 보여주는 상징으로 여긴다. 그들에게 언어는 단순히 '뱉어내는' 소통의 도구가 아니다. 태초에 신이 인간에게 준 생명이 '언어'라고 믿는 인디언들은 감히 말로 남을 해코지하거나 모욕

하는 것을 상상하지 못한다. 결국 자신이 오염된다고 믿기 때문이다.

명심보감 정기편에 '상인지어(傷人之語)는 환시자상(還是自傷)이니 함혈분인(含血噴人)이면 선오기구(先汚其口)'라는 글이 있다. 남을 상하게 하는 말은 도리어 자신을 상하게 하는 것이니 피를 머금고 다른 사람에게 뿜으면 먼저 그 입을 더럽히게 된다는 뜻이다. 다시 말해 남에게 상처를 주는 말이나 해치는 말은 상대와 나에게 모두 상처를 주고 해를 입히게 되니 절대 해서는 안 되는 것이다.

말과 병도 공통점이 있다. 병은 몸보다 입구를 좁게 하여 병의 물이 한꺼번에 쏟아지지 않도록 한다. 물을 먹을 때 마개를 열듯이 말도 꼭 필요할 때 해야 한다. 사람도 가슴보다 입을 좁게 하여 가슴에 담긴 말을 다 쏟아내지 않도록 한다. 남의 험담, 상처 주는 말이 나가지 않도록 마개를 닫아야 한다.

한 번 엎질러진 물은 다시 병에 주워 담을 수 없다. 사람도 한 번 입에서 나온 말은 다시 주워 담을 수 없다. 그러므로 삼사일언(三思一言)해야 한다. '한 번 말'하기 위해서는 '세 번 생각'하라는 의미는 다음과 같다.

첫째, 소통은 명확하게 전달하여 동일성을 추구한다.

둘째, 소통은 쉽게 전달하여 오해가 없도록 한다.

셋째, 소통은 상대에게 상처주지 않아야 한다.

소통은 '차이'로부터 시작되어
'공감'으로 종료된다

어느 스님은 불교경전 천수경의 '수리 수리 마수리 수수리 사바하'는 입을 수리하고 수리하여 크게 수리하면 술술 일이 잘 풀리고 좋아진다고 우스개로 얘기한다.

우리의 현실은 어떤가? 비난과 야유, 막말 등 즉흥적 배설이 대중을 대상으로 하는 방송 매체조차 여과 없이 홍수처럼 쏟아내고 있다. "막가자는 것이지요." "성깔 더러운 인간." "싸가지 없는 인간." 등 사회 지도층들이 거침없이 상대에게 뱉는 말들이다. 막말 마케팅이다. 욕설과 비속어가 난무하는 난장판 국회는 언어체계에 대한 대중의 잣대를 부러뜨린지 오래다. 순간적인 희열에 익숙해진 대중들의 감정계좌에 독버섯이 차곡차곡 자라게 되어, 훗날 습관적으로 배설한다. 그 대상은 나를 제외한 모두가 될 수 있다. 심지어 마누라와 자식도 예외가 아니다.

타인의 약점을 감싸주고 어루만져 주어야 할 기본적인 양심도 저버린 채 방송에서 오히려 까발리고 발가벗겨서 희열을 느끼는 장면에 익숙한 우리의 아이들은 어떤 생각을 할까? 친구의 약점을 할퀴고 긁어내면서 재미를 느낄 것이다. 죄의식이라고는 찾아보기 힘들다. 요즘 학교에서 일어나는 학생들의 폭행, 왕따, 자살로 이어지는 사건의 밑바탕에서는 그동안 우리 어른들의 무차별적인 언어폭력에 노출된 원인도 찾을 수 있다. 소통이 아니라 고통이며 울화통이자 불통이다.

LA초등학교에서 담임선생님이 30명의 학생에게 메모지를 주면서 "우리 반에서 나하고 가장 사이 나쁜 학생의 이름 한 명만 적어라."고 부탁했는데 스물아홉명의 학생들이 선생님의 얘기가 끝나기 무섭게 메모지를 제출했다. 담임선생님은 스물아홉장의 메모지를 모두 확인한 결과 깜작 놀랐다. 왜냐하면 스물아홉 장에 똑같은 이름이 적혀 있는 것이다. 아직도 제출하지 않고 무엇인가를 쓰고 있는 학생의 이름이었다. 담임선생님은 그 학생은 무엇을 그렇게 쓰고 있는지 궁금했다. 확인한 결과 그 학생은 자기반 학생 29명의 이름을 쓰고 있었다. 아이들이 싫어하는 이유는 단 하나였다.

"쟤는 얘기할 때마다 상처 주는 얘기만 해요."

백정과 박 서방은 한 사람이지만 베푸는 마음은 두 가지가 있다.

옛날에는 사농공상(士農工商)으로 상인을 제일 천하게 여겼지만 요즘은 오히려 상공농사로 거꾸로 바뀌었다. 지금은 직업의 귀천을 따지는 시대가 아니지만 옛날에는 푸줏간을 하는 사람을 백정이라 하여 천하게 여겼다. 어느 날 박씨 성을 가진 백정이 장터에서 푸줏간을 하고 있었다.

당시에는 백정이라면 천민 중에서도 최하층 계급이었다. 어느 날 양반 두 사람이 고기를 사러 왔다. 첫 번째 양반이 거친 말투로 말했다.

"야, 이 백정 놈아! 고기 한 근 대령해라!"

"예, 그렇습지요."

그 백정은 대답하고 정확히 한 근의 고기를 떼어주었다.

두 번째 양반은 상대가 비록 천한 백정이지만, 나이 든 사람에게 함부로 말을 하는 것이 거북했다. 그래서 점잖게 부탁했다.

"이보시게, 박 서방! 여기 고기 한 근 주시게나."

"예, 그러지요, 고맙습니다."

그 백정은 기분 좋게 대답하면서 고기를 듬뿍 잘라주었다.

첫 번째 고기를 산 양반이 옆에서 보니, 같은 한 근인데도 자기한 테 건네준 고기보다 아무래도 갑절은 더 많아 보였다.

그 양반은 몹시 화가 나서 소리를 지르며 따졌다.

"야, 이놈아! 같은 한 근인데, 왜 이 사람 것은 이렇게 많고, 내 것 은 이렇게 적으냐?"

그러자 그 백정이 침착하게 대답했다.

"네, 그거야 손님 고기는 백정 놈이 자른 것이고, 이 어른 고기는 박 서방이 자른 것이니까요."

식물이 씨에서 돋아나듯이 인간의 행동도 사고라는 숨겨진 씨에서 나타난다.

그리고 그 사고의 씨 없이는 어떤 행동도 일어나지 않는다. 행동은 사고의 꽃이다. 말이라는 것은 사고의 꽃에서 맺은 열매다. 따라서 인간의 마음은 정원과 같다. 그 정원을 정성들여 잘 가꿀 수도 있고 아니면 제멋대로 그냥 자리에 놔 둘 수도 있다. 가꾸지 않은 정원은 열매를 맺지 않는다. 황폐할 뿐이다. 아름다운 정원의 열매를 맺기 위해서는 상대를 인정해 주는 씨앗부터 뿌려야 한다. 백정의 씨앗이 아니라 박 서방의 씨앗을 마음의 정원에 뿌리자.

동의보감에 "통즉불통 불통즉통(通即不痛 不通即痛)"이란 글이 있다. "아픈 것은 통하지 않기 때문이요, 아프지 않는 것은 통하기 때문이다."는 뜻이다. 우리 몸은 끊임없이 순환하는 동적유기체다. 흘러야 할 곳에 혈액이 제대로 흐르지 못하면 어혈이 생겨 어떤 부분이 막히게 되고 그곳에서 통증이 유발된다. 흐르지 못한 물은 썩기 마련이다. 이러한 원리가 비단 의학 분야에 국한되지는 않는다.

사회 각 방면, 인간 관계, 가족 관계, 교우 관계 등에서 많이 나타난다.

●출처 : 조인스HR, 가재산 글

아내는 오늘 헤어숍에서 머리단장을 곱게 하였다. 점심 때 또래 친구들과 커피를 나누면서

"얘! 너 10년은 젊게 보인다."고 칭찬을 들었다. 이 모습을 제일 먼저 남편에게 보여주고 싶었다.

'띵~동!' 퇴근하는 남편이다.

아내는 부리나케 거울 앞에 가서 매무새를 확인한 다음 문을 열고 남편을 맞이한다.

아내는 남편에게 "여보, 나 어때?" 물었다.

남편의 첫마디는 "배고파, 밥 줘."였다.

아내는 엄청난 상처를 받는다. 진솔한 마음과 감정을 이해하지 못한 남편이 밉다. 더구나 나의 감정표현이 밥 한 끼와 바꾸다니. 저 사람이 나의 남편이 맞는지 의심스럽다.

피곤한 몸을 소파에 맡긴 채 TV를 보고 있는 남편을 위해 평소 즐겨 먹던 된장국을 끓인다.

아내는 끓는 된장국에 마늘을 넣기 위해 찧는다.

아내는 남편의 관심을 끄는 데 1차 실패했지만 재차 도전한다. 마늘을 찧으면서 물었다.

"여보 지금 뭘 해?"

"거기서 보이잖아, TV 본다. 왜?"

“TV 보는 것 몰라서 물어보냐? 이 인간아! 마늘 좀 찧어주면 입에 덧나나?” 하고 말하고 싶었지만 목구멍까지 치밀어오르는 분노를 참으면서 후~ 하고 한숨을 쉰다.

저녁 식사하면서 남편에게 세 번째 도전을 한다. 대화의 실마리는 옆집 영희 아빠 전근 가는 얘기부터 풀어간다.

“여보, 영희 아빠가 이번에 지방 전근 발령났대요. 당신도 들었지? 이번에 영희가 고등학교에 입학도 하고……. 이산가족이 될 것 같아. 수심이 가득한 영희 엄마 얼굴보니 너무 안됐어. 우리도 옛날 헤어져 살 때…….” 얘기가 끝나기 전에 남편은

“도대체 결론이 뭐야?”

“………………”

아내는 계속 어깃장을 놓는 남편에게 네 번째 도전은 포기하고 말았다.

왜 우리는 평생 가장 오랜 시간을 함께 보낼 사람들과 가장 무례한 대화를 하는 것일까? 위의 사례에서 “나 어때!”는 아내의 변화된 표정과 모습을 관심 깊게 관찰하여 어제와 달라진 모습에 대해 칭찬과 인정을 해달라는 것이다.

“여보 뭐해?”는 여기 와서 마늘을 찧는 걸 도와달라는 의미이다. 자연스럽게 관심을 받고자 한다. 이 부분에서 많은 남성들은 “도와달라고

직설적으로 얘기할 것이지 왜 뺑 둘러서 얘기하는지 모르겠다.”고 한다. 맞는 말이다. 여성들은 부탁하기 전에 상대에 대한 배려를 먼저 하는 화법을 많이 쓰는 편이다. 그래서 현재의 상황을 물어 보는 것이다.

아내의 “옆집 영희 아빠 전근으로 이산가족…….”에 대한 얘기를 꺼낼 때면 남편은 아내를 쳐다보면서 “아니 그런 일이 있었어?” 하며 놀라는 표정으로 응답해야 한다.

영희네 아픔을 그대로 느끼며 이해하는 아내의 감정을 이해해야 한다. 그 아픔이 우리 가족의 아픔으로 생각하는 아내의 감정이 옳은 것이다. 이왕이면 아내를 보면서 놀란 표정으로 실감난 제스처까지 쓰면서 얘기하면 금상첨화다.

두 번째로 남편은 아내에게 “여보! 그래서?”라고 물어 보아야 한다.

하루 종일 말문이 막혔다가 남편을 만나 소통하려는 아내의 심정을 이해해야 하는 부분이다.

“여보! 그래서”는 상대의 얘기를 경청할 준비가 되어 있다는 것을 아내에게 알려주는 것이다.

세 번째는 “여보! 어떻게 되었는데?”

아내의 얘기에 관심을 가지고 있다는 얘기다. 대화를 촉진하는 화법이다. 이렇게 되면 가슴속에 있던 얘기를 속 시원히 풀어낸다. 낮에 쌓아 두었던 스트레스도 한방에 날라 간다.

네 번째로 "여보 계속 얘기해봐."하면서 아내의 감정을 읽으면서 대화의 꼬리를 이어가는 것이 바람직하다.

상대가 얘기할 때 상대의 관점과 감정을 이해하려고 노력하는 것이 공감(Empathy)이다.

공감이 잘 되지 않은 이유는 메시지를 보내는 사람과 그 메시지를 받는 사람과의 개인적 '차이' 때문이다. 물론 갈등의 요인도 '차이'로부터 시작되어 공감으로 종료된다. 사람들은 차이를 인정하면서도 정작 자신은 차이를 인정하지 못하는 이중적 모순에 빠져 있다.

그러한 '차이'는 누구나 '다름'을 의미하는데 자꾸만 '틀리다'고 혼동하는 데서 공감이 이루어지지 않는다. 다르다와 틀리다는 어떻게 다른가? Different(다르다)와 Wrong(틀리다)이다. '다름'은 O, X의 개념이 아니다.

"같은 부모 사이에서 태어난 아이들끼리도 왜 이렇게 틀린지 모르겠어요."

일상에서 흔히 듣는 말이다. 이렇게 '틀리다'를 오용 남용하다 보면 자신이 세운 기준에 어긋나는 것, 자신에게 익숙하지 않는 것, 자신이 모르는 것 등을 틀렸다고 배척하게 되어 공감대를 형성 할 수 없다. 물론 대인관계에 좋지 않는 영향을 미친다.

소통은
어디서부터
시작해야 하는가?

갑돌이와 갑순이 노래는 꽤 애창되었던 민요풍의 노래다. 지금도 TV에서 한복을 곱게 차려 입은 가수가 애교 있게 부르는 장면을 심심찮게 본다. 그러나 가사 내용을 보면 애교와 거리가 멀다. 왜냐하면 갑돌이와 갑순이가 한마을에 살았고 너무도 사랑을 했는데 결혼을 못한 것이다. 결혼을 못할 특별한 이유가 없는데도 말이다. 강의 중에 수강자에게 "갑돌이와 갑순이는 왜 결혼을 못했을까요?" 이유를 물어보면 꼭 나오는 대답이 있다. "동성동본 갑씨라서요." 그런데 가사 내용을 분석해 보면 결혼을 못할 수밖에 없는 사유를 짐작할 수 있다.

갑돌이와 갑순이는 한 마을에 살았더래요.

둘이는 서로 서로 사랑을 했더래요.

그러나 둘이는 마음뿐이래요.

겉으로는 음~~~~~모르는 척했더래요.

그러다가 갑순이는 시집을 갔더래요.

시집간 첫날밤에 한없이 울었더래요.

갑순이 마음은 갑돌이 뿐이래요.

겉으로는 음~~~~~ 안 그런 척 했더래요.

갑돌이도 화가 나서 장가를 갔더래요.

장가간 날 첫날밤에 달 보고 울었더래요.

갑돌이 마음은 갑순이 뿐이래요.

겉으로는 음~~~~~ 고까짓 것 했더래요.

이 가사를 분석해 보면 두 사람이 결혼을 못한 이유는 소통이 되지 않았기 때문이다. 사랑하면서도 사랑을 표현하지 못했다. 말 한마디 못하고 마음속으로만 사랑했다. 그러다가 홧김에 서로 다른 사람과 결혼을 한다. 결혼 후 갑돌이와 갑순이는 첫날밤에 서로를 잊지 못한다. 얼마나 안타까운 일인가? 소통이 안 되어 평생 고통 속에 살아갈 갑돌이와 갑순이의 얘기는 애잔하다 못해 슬픈 러브 스토리다. 그렇다. '구슬이 서말이라도 꿰어야 보배다.' 좋은 아이디어라도 실행을 하지 못하면 가치가 없다. 침묵의 가치보다 표현의 가치가 필요한 시대다. 생각만으로 소통이 이루어지는 것이 아니라 적극적인 의사표시와 상대방의 마음을 듣고자하는 경청으로 이루어져야 한다.

소통 강의를 하면서 "여러분은 소통할 때 어떤 점에 어려움을 느끼는지 하나만 체크해 보십시오." 하고 8개 항목의 진단지를 제시한다. 독자들도 하나만 선택해 보라.

1. 많은 사람 앞에서 발표하는 것

2. 명확하고 논리 있게 설명을 해야 하는 것

3. 첫 대면에서 나의 의견을 말하는 것

4. 재미있게 이야기하는 것

5. 다른 사람의 말을 경청하는 것

6. 주어진 시간 내에 요점을 정리하여 전달하는 것

7. 보고서를 작성하여 설명하는 것

8. 상대방을 설득하는 것

그리고 "여러분의 주변에서 타인의 이야기를 잘 경청하는 사람의 이름을 한사람 이상 적어보십시오. 주변이라 함은 가족, 친구, 스승과 제자, 선후배, 지인 등 당신과 자주 얘기를 나누는 사람이면 누구나 좋습니다."라고 부탁한다.

독자 여러분은 8개 항목 중에 어디에 표시를 하였는가? 이 질문에 대부분의 수강자들은 5번을 제외한 다른 항목을 선택하는 경우가 대부분이다. 필자가 강의하면서 물어보면 수강자들이 이 범주를 벗어나지 못한다. 100명의 수강자에게 물어본 적이 있었다. 놀랍게도 5번을 선택하는 사람이 한 명도 나오지 않은 경우도 있다. 5번과 그 외의 항목과 어떻게 다른가? 독자들은 어느 정도 눈치챘을 것이다. 5번을 제외한 다른 항목들은 소통하기 위해서는 다른 사람에게 말을 잘 해야 한다는 항목들이고, 5번은 다른 사람의 말을 잘 듣는 것이 어렵다는 항목이다. 이처럼 많은 사람들은 말하기에 관심이 많지만 상대방의 이야기를 경청하는 것을 중요하게 생각하지 않는다는 점을 알려준다.

그리고 한 사람 이상의 이름을 적은 수강자가 있다면 "나와 인간관계가 좋지 않은 사람의 이름을 적은 사람 있습니까? 손들어 주십시오." 이 질문에는 강의한지 20년 동안 손든 사람은 한 명도 없었다. 다시 말하면 좋은 경청습관은 인간관계를 돈독히 해 주는 접착제 역할을 한다.

한 가지 더 실습을 해보자. 수강자 한사람을 강사자리에 앉히고 미리 준비한 '나의 휴가 여행'을 읽도록 하였다.

나의 휴가여행

"우석씨는 휴가를 위해 평소보다 일찍 5시 15분경에 일어났습니다. 오늘부터 즐거운 휴가가 시작되는 첫날입니다. 6시 10분쯤 집을 나서기로 했습니다. 출발하기에 앞서 간단한 요기를 위해 아이들에게는 우유 한 컵과 빵 한 조각씩을 주고 나는 토마토 주스 한 잔 과 토스트 한 조각을 먹었습니다. 아내는 빵 한 조각과 오렌지 주스를 두 컵 마셨습니다. 여행지 까지는 대략 210Km로 쉬는 시간까지 3시간 10분 정도가 소요될 예정입니다. 우물쭈물하다가 예정된 시간보다 20분 늦게 출발을 했습니다. 신나는 휴가 여행길은 고속도로 정체로 인하여 용인 휴게소에서 쉬어가기로 했습니다. 휴게소에 도착한 시간은 8시 30분. 출출한 생각이 들어 간단히 무엇인가를 먹기로 했습니다. 나는 우동, 아내는 라면, 아이들은 김밥을 먹었습니다. 비용이 13,500원이 들었습니다. 잠시 휴식을 취한 후 다시 출발했습니다. 출발 시간은 9시 10분. 앞으로 목적지까지는 150Km가 남았습니다. 대략 2시간 반은 더 가야 할 거리였습니다. 원주를 지나는데, 뒷좌석의 아이들이 싸우는 소리가 들렸습니다. 만화책을 서로 보겠다고 다투는 것이었습니다. 마침 횡성 휴게소가 있어 들어갔습니다. 아이들에게 아이스크림을 사주고 사이좋게 만화책을 돌려 보게 했습니다.

우리 부부는 커피를 한잔씩 마셨습니다. 차에서 먹기로 하고 호두과자와 오징어도 샀습니다. 앞으로 남은 거리는 120Km정도입니다. 아담한 해수욕장에 도착한 시간은 11시 40분이었습니다. 오늘부터 나흘간은 자유로운 시간을 만끽할 것이라 기대했습니다. 벌써 해가 저물기 시작했습니다. 시간을 보니 7시 50분. 저녁을 준비하기로 하고 쌀을 씻었습니다. 저녁 식사 후 아이들에게 별세기와 별자리 이야기와 옛날이야기를 해 주었습니다. 큰곰자리, 작은곰자리, 카시오페아 자리, 북극성 등에 대해 들려주었습니다. 우리는 12시가 넘은 새벽 1시 20분경이 되어서야 잠자리에 들었습니다. 행복한 나흘간의 여행 중 하루가 간 것입니다.”

수강자가 직접 읽고 난 후에 “방금 동료가 읽은 ‘나의 휴가 여행’을 여러분들은 얼마나 잘 들었는지 테스트하겠습니다.” 하고 다음의 테스트 용지를 배부한다. 수강자들은 웅성웅성하면서 서로 눈치를 본다. “교육 받으로 왔지. 무슨 테스트야?”, “회사 입사할 때 테스트가 끝인 줄 알았는데.”, “야! 너 메모했어?”, “개인 결과표를 제출하는 것입니까?” 등 볼 멘 소리가 여기저기서 터져 나온다.

‘나의 휴가여행’에 대해 맞는 것에 체크하십시오. 그리고 맞는 숫자를 파악하고 팀별 평균점수를 알려 주십시오. 그리고 불문곡직하고 답을 읽어 준다.

1. 우석씨가 일어난 시간은?
① 5:05 ② 5:15 ③ 5:25 ④ 5:35
2. 출발 전에 우석씨가 마신 것은?
① 우유 ② 오렌지주스 ③ 토마토 주스 ④ 생수

3. 여행지까지의 거리는?

① 200KM ② 210KM ③ 220KM ④ 230KM

4. 여행지에 도착한 시간은?

① 11:25 ② 11:30 ③ 11:35 ④ 11:40

5. 고속도로의 정체로 인하여 들른 휴게소는?

① 문막 ② 횡성 ③ 용인 ④ 대관령

6. 아이들이 다툼으로 들른 휴게소는?

① 문막 ② 횡성 ③ 용인 ④ 대관령

7. 고속도로 정체로 인해 들른 휴게소에서 먹은 것이 아닌 것은?

① 우동 ② 라면 ③ 김밥 ④ 커피

8. 고속도로 정체로 인해 들른 휴게소에서 먹은 것의 총 비용은?

① 12,000원 ② 12,500원 ③ 13,000원 ④ 13,500원

9. 아이들의 다툼으로 휴게소에 들러 아이들에게 사준 것은?

① 초콜릿 ② 아이스크림 ③ 오징어 ④ 호두과자

10. 저녁을 준비한 시간은?

① 7:20 ② 7:30 ③ 7:40 ④ 7:50

11. 저녁을 먹고 아이들에게 해 준 것이 아닌 것은?

① 달님이야기 ② 별자리 이야기 ③ 별 세기 ④ 옛날이야기

12. 여행지에서 첫 날 잠자리에 든 시간은?

① 1:10 ② 1:20 ③ 1:30 ④ 1:40

이 테스트에서 팀별 평균 5~8개정도 밖에 맞추지 못한다. 강의 주제가 소통인데도 잘 듣지 않는다는 증거다. 직장인을 대상으로 한 경청 점수가 70% 미달이라면 그 직장의 소통 수준이 어느 정도인지 가늠할 수 있다. 원활하지 못한 소통으로 발생되는 손실 비용은 얼마나 될까? 부서와 부서간의 협력, 상하간의 지시와 수용 등에서 경청하지 않음으로서 발생되는 불신은 또 얼마나 많을까? 톱 세일즈맨이 된 100명에게 설문 조사한 바, 그들은 공통된 습관이 하나 있었다. 고객에게 말을 많이 한 것이 아니라 질문을 통해 고객의 얘기를 경청하는 습관이다.

말은 칼이고
경청은 칼집이다

앞장의 경청에 대한 테스트와 피드백이 끝난 다음, 다시 수강자 한 명을 다시 강사자리에 앉힌다. 수강자들은 여기저기서 웅성거리면서 2차 테스트가 있다는 것을 직감한다. 이번에는 비장한 표정과 각오로 메모할 준비를 한다. 1차 테스트와는 분위기가 사뭇 다르다. 어떤 수강자는 스마트 폰으로 녹음을 준비한다. '나의 하루 일과'를 읽고 난 다음 예상대로 2차 테스트를 한다.

나의 하루 일과

우석씨는 출근을 위해 6시 20분경에 일어나서 7시 10분쯤 집을 나섰습니다. 5살짜리 딸과 2살짜리 아들이 있습니다.

출근 전에 아이들에게 우유 한 컵을 주고 나는 우유 두 컵을 먹었습니다. 아내는 빵 한 조각과 오렌지 주스를 한 컵 먹었습니다. 회사까지는 대략 28Km의 거리에 있는데, 보통 7시 45분경에 도착합니다. 정신없이 맡은 업무를 수행하다 보면 어느새 점심시간이 됩니다. 회사의 점심시간은 12시30분부터 1시간 주어지지만, 우석씨는 항상 1시 10분경에 식당으로 가서 식사를 합니다. 이유는 줄서기가 싫기도 하지만 그 시간이 되면 주위가 좀 차분하고 조용해지는 관계로 편안한 마음으로 여유를 갖고 식사를 할 수 있어서입니다. 오늘은 볶음밥을 먹었습니다. 매점에 들렀습니다. 동료인 재민씨는 아이스크림을, 저는 우유를, 지영씨는 초코릿을 먹었습니다. 1시부터 오후 일과가 시작되었는데, 오늘은 규영씨가 3시 20분경 몸이 아프다고 해서 병원에 가는 일이 있었습니다. 4시 50분경 품질문제로 설비 가동이 15분간 정지되었습니다. 보통 설비 가동이 10분 정도 중지되면 100만원 정도의 손실이 발생합니다. 하루 일과를 마치고 퇴근버스에 오른 시간은 6시 20분경, 마침 오늘은 잔업이 없어 일찍 집에 도착했습니다.

수강자가 읽은 후 바로 테스트에 들어간다. '나의 하루 일과'에 대해 맞는 것에 체크하십시오.

1. 우석씨가 일어난 시간은?

① 6:00 ② 6:10 ③ 6:20 ④ 6:30

2. 우석씨가 출근을 위해 집을 나선 시간은?

① 7:00 ② 7:10 ③ 7:20 ④ 7:30

3. 딸의 나이는?

① 2살 ② 3살 ③ 4살 ④ 5살

4. 아들의 나이는?

① 2살 ② 3살 ③ 4살 ④ 5살

5. 출근 전에 우석씨가 먹는 것은?

① 빵 한 조각 ② 오렌지주스 두 컵 ③ 우유 두 컵 ④ 우유 한 컵

6. 회사까지의 거리는?

① 25KM ② 26KM ③ 27KM ④ 28KM

7. 오늘 먹은 점심의 메뉴는?

① 설렁탕 ② 볶음밥 ③ 삼계탕 ④ 콩나물국밥

8. 동료들과 함께한 후식으로 먹은 것이 아닌 것은?

① 아이스크림 ② 우유 ③ 초코릿 ④ 오렌지주스

9. 동료 규영씨가 아프다고 한 시간은?

① 3:10 ② 3:20 ③ 3:30 ④ 3:40

10. 설비 가동으로 품질문제가 발생한 시간은?

① 3:40 ② 3:50 ③ 4:40 ④ 4:50

11. 설비 가동이 10분 정도 중지되면 손실금액은 얼마 정도인가?

① 100만원 ② 110만원 ③ 120만원 ④ 130만원

12. 우석씨가 퇴근버스에 오른 시간은?

① 6:10경 ② 6:20경 ③ 6:30경 ④ 6:40경

2차 테스트인 '나의 하루 일과'를 읽은 후 수강자의 표정을 보면 화색이 돈다. 1차 때와는 표정이 다르다. 만점을 받을 수 있다는 자신감도 보인다. 정답을 체크하는 손놀림도 가볍다. 자신이 녹음한 내용도 듣고, 메모한 글을 보면서 확인하느라 부산을 떤다. 2차 테스트 후 팀별 평균점수를 보면 만점을 받은 팀이 나온다. 대부분의 팀들이 1차 때보다 훨씬 좋은 점수가 나온다. 바로 이점을 강조하고 싶다. 일상생활에서 대화를 할 때 상대방과 대화가 끝나면 "상대방은 나의 얘기를 얼마나 잘 들었는지 나를 테스트할 것이야."라는 생각을 한다면 즉 테스트가 있을 것이라는 가정을 하고 상대방의 얘기를 경청하면 좋은 청취자가 될 뿐만 아니라 타인으로부터 호감을 받을 것이다. 어떤 수강자는 이점에 대해서 이의를 제기한다. "2차 테스트는 진정한 테스트라고 할 수 없습니다. 왜냐하면 곧 테스트가 있을 것이라고 예고되었기 때문에 메모, 녹음 등을 하면서 들었습니다.", "당연히 점수가 좋을 수밖에 없습니다." 하고 말이다.

그러나 중요한 것은 경청의 태도이지 점수가 아니다. 앞으로 누구와 대화를 하든지(부모, 상사, 부하, 부인, 자녀 등) 대화가 끝나면 "나는 상대방으로부터 테스트 받을 거야."라는 경청 태도를 가진다면 당신은 훌륭한 청취자가 될 것이고 주변으로부터 많은 사람이 당신을 존경할 것이다. 그 외에도 훌륭한 경청습관과 태도를 가진 사람에게는 많은 이점이 있다.

1) 다른 사람들에게 좋은 인상을 준다.

2) 다른 사람들이 호감을 갖는다.

3) 듣는다는 것은 효과적인 의사소통의 본질이다.

4) 지식을 증대시킨다.

5) 좋은 화자는 바로 곧 좋은 청취자다.

6) 다른 사람들은 우리의 듣는 방식에 의해 우리의 인성과 지적
   능력을 판단한다.

7) 듣는다는 것은 좋은 인간관계의 기초다.

8) 다른 사람과 더욱 친밀해진다.

9) 다른 사람들이 우리를 찾게 된다.

10) 다른 사람에게 영향을 미치며, 리드하며, 설득하는 데 있어 가
   장 중요한 기술이다.

까놓고 보면 우리 나라 사람들은 직설적인 표현을 잘한다. 돌직
구다. 배설에 가깝다. 오히려 이를 더 즐기는 경향이 있다. 상대의 감
정을 생각하지 않고 일단 뱉어버린다. 친구에게, 자녀에게, 부하에게,
후배에게, 나이든 사람은 젊은 사람들에게 감정을 쏟아 버린다. 이러

한 대화방법은 경청에 좋지 못한 결과를 초래하고 대인관계를 해친다.

"현장에서는 안전화를 신어야 되는 규칙도 몰라? 지난번에 주의를 받았는데도 또 구두를 신었구먼. 말로 해서는 안되겠네."

"모든 것이 너 책임이다."

"또 다시 그렇게 행동하면 응분의 조치가 따를 거야."

그 외에도 유형별로 보면 다양하다

"하라면 하지, 웬 말이 그렇게 많아." 밀어붙이기 유형이다.

"너, 이것을 하는 게 신상에 좋을 것이다." 겁주기 유형이다.

"뭐 그렇게 흥분하십니까? 듣고 보니 별거 아닌데요." 무시하기 유형이다.

"내가 너라면 생각을 더 한 후에 하겠다." 충고하기 유형이다."

"말도 안 되는 소리하지 말라." 반박하기 유형이다.

"뭐, 이 따위로 일을 처리하는 거야!" 헐뜯기 유형이다.

"대단하구나, 쓸데없는 것까지 시시콜콜 모르는 게 없구나." 빈정대기 유형이다.

"그런 엉터리 같은 소리는 머리털 나고 처음 들었다." 비난하기 유형이다.

"대체 어떻게 된 것인지 구체적으로 설명해봐." 추궁하기 유형이다.

"난 잘 모르니까 다른 사람에게 물어봐." 회피하기 유형이다.

이런 소통은 경청을 하려고 마음먹어도 저항감부터 먼저 갖게 된다. 모든 책임이 너로부터 발생한다는 논리다. 상대는 소통 준비단계에서부터 불쾌감을 느낀다. 그리고 진솔한 대화를 나눌 수 없다. "너는 색상 선택을 아주 잘하는구나." 대신에 "네가 칠한 색상이 아주 맘에 든다."처럼 다른 사람을 평가하지 않고 긍정적으로 지지하는 소통, 또는 "그 블라우스는 잘못 선택했어."보다 "나는 그런 블라우스가 마음에 들지 않아."처럼 다른 사람을 비하하지 않고 싫은 나의 감정을 얼마든지 전달할 수 있다. 이 방법은 상대에게 생각할 여유를 준다. 그리고 말하는 사람의 감정을 이해하고 역지사지의 마음을 추스르는 효과가 있다.

다시 말하면 상대의 행동을 나무라는 것보다, 상대의 행동을 꾸밈없이 얘기하면서 나의 감정을 전달하고, 그 행동이 미치는 영향을 설명하는 '나-전달법'이 바람직하다. 주어가 '당신'이 아니라 '나'로 시작하는 소통방법을 연구하고 노력해야 한다. 필요하면 제스처를 활용하고 충분한 질문과 응답이 교류하는 소통이 되어야 한다. 소통의 기본은 경청으로 시작해서 충분한 교류가 되는 쌍방향 소통(Two Way Communication)으로 해야 한다.

쌍방향 소통은 장황한 자기 주장을 혼자서 떠들고 타인에게 경청을 강요하여 들어라는것이 아니라 대화중에 상대방의 의견도 듣고, 확인하고, 요약해서 소통하는 것이다. 우리주변에는 일방적으로 경청

 배짱이 곧 실력이다

을 강요하는 사람들이 많다. 그 사람들 주변에는 항상 다툼이 그림자처럼 따라다닌다.

말을 잘하려면 먼저 들어라. 그렇지 않으면 당신의 혀가 당신을 귀먹게 할 것이다. 지혜는 들음으로 생기고, 후회는 말함으로써 생긴다.

*BMW*를
활용하자

필자는 자동차가 두 대 있다. 한 대는 경유차고 또 다른 차는 BMW 다. 지방에 강의가 있을 때는 국산 경유차를 타고 간다. 서울 시내 또는 인근에 강의가 있으면 항상 BMW를 타고 간다. 그렇게 비용이 많이 들지 않는다. BMW는 Bus, Metro, Walking의 이니셜이다. 독자들도 누구나 한대씩 가지고 있다. BMW는 다른 의미로도 해석할 수 있다. Body Language, Mood, Word의 약칭이다. 소통과 경청을 할 때는 BMW을 활용 하면 한결 전달효과가 좋다.

Body Language

낙하산과 얼굴은 펴져야 산다. 그만큼 표정이 중요하다는 것을 강조한 말이다. 강아지가 앞발을 들거나 꼬리를 흔들면 상대에게 호감을 주는 보디랭귀지이다. 그러나 고양이가 그렇게 하면 상대를 공격하겠다는 보디랭귀지이다. 사람들도 말을 하지 않더라도 보디랭귀지로 상대의 의도를 이해하고 파악할 수 있다. 말 못하는 아이가 찡그리고 허우적거리면 영락없이 기저귀에 똥을 싸거나 배가 고픈 것이다. 오줌을 가리던 아이도 동생이 생기면 퇴행하는 경우가 많다. 갑자기 바지에 오줌을 싸면 관심을 가져 달라는 표시다.

미국의 어느 변호사는 의뢰인에게 법정에서 이렇게 저렇게 하라고 준비시키곤 한다. 말하는 중에 다리를 꼬면 거짓말을 하려는 것이고, 팔짱을 끼면 불편하다는 뜻으로 해석하기도 한다. 그리하여 법정에서 판사와 배심원들이 의뢰인의 보디랭귀지를 그가 원하는 방식으로 해석하도록 만드는 것이다. 좀 과장되고 지나친 해석이라고 하겠지만 분명한 것은 보디랭귀지는 말로 하는 언어와 마찬가지다. 그리고 전달 효과가 파괴적이다.

스피치를 할 때도 가장 중요한 것은 보디랭귀지 중에서도 표정이다. 표정 없이 말하면 콘텐츠 전달이 제대로 안 된다. 표정연기에 대해 오랫동안 고민해온 사람이 발레리나 강수진씨이다. 한 시즌에 토슈즈를 250켤레를 펑크 낼 정도의 연습 광으로 유명하다. 사람들은 피명이 들고 찌그러진 그녀의 발을 기억한다. 발레의 완성은 표정에 달려 있다. 관중과의 소통이 표정으로 전달된다. 몸짓이 자연스럽게 나올 때, 소통도 자연스럽게 된다. 예술가들은 관객 앞에서 혼신의 힘을 다해 표정연기를 한다. 팀플레이가 중요한 축구경기도 마찬가지다. 관중들의 응원소리에 그들은 어떻게 소통할까? 보디랭귀지 밖에 없다.

우리나라 어머니들은 자녀의 표정을 읽는 데는 도사들이다.

“용돈이 적어서 불만이니?”

표정으로 자녀들의 불만을 단박에 읽어낸다. 표정을 알 수 없을 때는 눈을 읽어낸다. 오랜만에 만난 연인이 남자에게 이야기한다.

“나 보고 싶었어?”

“응~엄청 보고 싶었어.”

“그런데 왜 눈은 아래를 깔고 얘기하니? 애인 생겼어?”

입은 “보고 싶다”고 하지만 눈빛은 “다른 애인 생겼어”다. 예를 들어 상대를 설득할 때 표정, 눈빛, 자세, 목소리의 억양, 제스처, 태도 등을 함께 사용하지 않고 입으로만 대화하면 전달효과가 얼마나 있을까? 강의나 프리젠테이션을 할 때 부동자세로 입만 가지고 설명하면 듣는 사람은 내용에 흥미를 잃을 것이다. 양념이 안 된 반찬을 누가 먹겠는가?

이 문제에 대하여 연구한 학자가 있다. 미국의 사회 심리학자 또는 행동심리학자인 앨버트 메라비언(Albert Mehrabian) 박사다.

그는 ≪Silent message≫라는 책에서 말 외에 다른 부분도 커뮤니케이션에 중요한 역할을 한다고 설명한다. 바꾸어 말하면, 말보다는 다른 요소가 커뮤니케이션에서 더 영향력이 크다는 점이다. 메시지 호감에서 단어가 발휘하는 역할은 약 7%, 소리 부분이 38%, 그리고 보디랭귀지가 55%로 나타났다. 타인과의 대화에서 '무엇을 말하는가'보다도 '어떻게 말하는가?' '어떻게 보일 수 있는가'와 같은 감각

   배짱이 곧 실력이다

적인 면이 대단히 중요하다.

　인사할 때 고개를 숙이고 밑을 보며 망설이면서 작은 소리로 "안녕하십니까?"라고 하면 왠지 자신감이 없어 보인다. 이와는 반대로 시선을 딱 고정시키고 방긋 웃으면서 커다란 소리로 "안녕하십니까?" 말하면 상대에게 강한 임팩트를 주어 자신감과 신뢰를 준다. 대화에서 중요한 것은 시선 처리다. 옛부터 '눈은 입만큼 말을 한다.'고 할 정도로 보디랭귀지 중에서 눈이 중요한 역할을 한다. 그 사람의 침착하지 못함, 초조함, 자신감의 결여 등은 반드시 눈을 통해서 나타난다. 사람들 앞에서 이야기할 때는 반드시 '아이 컨텍트'(eye contact)를 해야 하는 이유가 여기에 있다. 그렇다고 상대의 눈을 지나치게 뚫어지게 볼 필요는 없다. 사람들이 불편해한다. 때때로 시선을 다른 곳으로 돌리는 것도 괜찮다. 그렇다고 허공을 응시하거나 어깨너머로 다른 사람을 보라는 것은 아니다.

Mood

　분위기 좋은 대화는 아름다운 의상이나 다름없다. 그런데 대화를 한답시고 지적과 간섭을 해서 분위기를 깨는 사람들이 의외로 많다. 의상에 먹칠을 하는 것과 같다.

　"올해 나이가 어떻게 됩니까?"

"결혼은?"

"고향이 어딥니까?"

"취미는?" 등등 꼬치꼬치 캐묻기를 좋아한다. 꼭 수사관이 피의자 신문조서를 꾸미는 양 집요하게 묻는다. 당연히 대화의 분위기는 어색해질 수 밖에 없다. 대화의 생명은 연속성이다. 서로 간에 통해야 대화의 생명력을 갖는다. 부모와 자식 사이에, 직장 동료 사이에, 상사와 부하 사이에든 한쪽의 통로가 막히면 단절이 된다.

우리 몸에 혈류가 순환이 안 되면 어딘가 어혈이 생겨 막히게 되고 동맥 경화로 이어진다. 어혈을 풀고 분위기를 고조시키는 대화를 위해서는 누구로부터 점검 받는 느낌을 주어서는 안 된다. 대화중에 명령, 경고, 훈계, 충고, 비판, 논쟁, 비꼬기, 자기과시, 심리분석, 캐묻기, 동정 등은 분위기를 잡치는 대화다. 꽃의 아름다움에 향기가 더해지면 그 꽃에 더욱 마음이 이끌린다. 소통에도 분위기라는 향기가 있다.

Word

미국 사회 심리학자 랭거(Langer)는 비서를 통해 세 번의 실험을 한다.

도서관에서 복사하려고 줄을 서서 기다리는 사람들에게 "죄송합니다만, 제가 먼저 복사기를 사용하면 안 될까요? 왜냐하면 지금 제가 굉장히 바쁜 일이 있거든요.”라고 요청했더니 94%의 사람들이 승낙을 하더란 것이다.

랭거 교수는 첫 번째 질문에서 사용했던 ‘왜냐하면’을 빼고 두 번째 실험을 했다. “죄송합니다만, 먼저 복사기를 사용하면 안 될까요?”라고 실험을 한 결과 승낙률이 60%로 뚝 떨어진 사실을 알게 되었다. ‘왜냐하면’이라는 단어 사용 여부에 따라 상대 설득에 무려 34%의 차이를 나타낸 것이다.

그렇다면 ‘왜냐하면’이라는 단어 뒤에 말도 되지 않는 문장을 넣어서 실험하면 승낙률이 얼마나 나올까 하고 세 번째 실험을 했다. “죄송합니다만, 먼저 복사기를 사용하면 안 될까요? 왜냐하면 제가 지금 복사를 당장 해야 하거든요.”하고 실험을 한 결과, 놀랍게도 93%의 승낙률이 나온 것이다.

사실 세 번째 질문의 문장은 말도 안 되는 문장이다. 상대를 무시하는 건방진 문장이다. 그러나 승낙률이 첫 번째 질문과 비슷했다. 결론적으로 사람들의 설득에 영향을 끼친 것은 ‘왜냐하면’ 이라는 단어가 주는 힘이 크다는 것을 입증한 것이다.

음식을 편식하지 않고 골고루 잘 먹으면 감기 인플루엔자를 죽이는 면역세포가 늘어나 인플루엔자 킬러인 감마 인터페론이 네 배나 증가한다고 설명하면 상대는 어떤 느낌을 받을까? “의학 지식이 대단한 사람이다.”로 평가는 받겠지만 여기저기서 볼멘소리가 터져나온다.

“강사가 의사야 약사야?”

“옛날에 병원에 근무했나봐.”

“우리가 의대생인줄 착각한 것 같아.”

평범한 대상의 사람들을 설득하기에는 너무 고급스런 단어를 사용했다. “감기는 밥상 앞에서 뺑소니친다.”가 이해하기가 빠르다. 몇 개의 단어조합으로도 전달하는데 무리가 없다.

한 가지 예를 더 보자.

마늘에는 암세포를 억제하는 게르마늄 성분이 함유되어 있어 갑상선암 예방에 좋다. 누구나 아는 이야기다. 너무 많이 들어 식상한 얘기다. 이보다는 ‘마늘은 하늘이 내린 식탁의 불로초’라고 이야기하는 것이 훨씬 더 파괴력이 있고 깔끔하다. 토마토가 건강에 좋으니 많이 먹자고 하면 평범하고 설득력이 떨어진다. 토마토를 먹을 수 있도록 결심을 강조할 쌈박한 설득 용어를 선택하는 것이 바람직하다. “토마토가 발갛게 익어가는 계절에 의사의 얼굴이 새파래진다.” 이것이 오히려 머리에 쏙 들어온다. 얼마나 건강에 좋으면 병원에 환자가 줄어들어 의사의 얼굴이 파래질까? 흔히 얘기하는 “가을 전어가 맛있다.”보다는 “가을 전어 굽는 냄새에 집 나간 며느리가 돌아온다.” “마약은 나쁘다.”보다는 “약도 약 나름이다. 구약도 있고 신약도 있는데 왜 하필 마약을 먹느냐?"가 더 감칠맛이 난다.

에스키모인들이 늑대를 사냥할 때 예리한 칼날에 동물의 피를 묻혀 얼음 벌판에 꽂아둔다. 먼 곳에 전동스키를 숨겨두고 망원경으로 관찰한다. 피 냄새를 맡은 늑대들이 어디선가 나타난다. 늑대들은 칼날에 묻어 있는 피를 핥다가 혓바닥이 칼에 붙어서 굳어진다. 차가운 금속의 칼과 따뜻한 혀가 부딪히면서 혀의 감각이 무디어진다. 늑대는 예리한 칼날에 혀가 베어 피를 흘리게 된다. 따뜻한 피가 계속 나온다. 자기 피인줄 모르는 늑대는 계속 칼을 핥다가 기진맥진 탈진한다. 그때 에스키모인들이 전동스키를 이용해서 늑대를 사냥을 하게 된다. 늑대는 결국 자기 피인 줄 모르고 칼을 핥다가 스스로 자신을 죽인 꼴이 된다.

마약도 피 묻은 칼의 늑대처럼 자신을 피폐하게 만든다. 이렇게 현실적인 사례를 비유하면서 몇 개의 단어를 조리 있게 배열하면 마약중독의 사실적 묘사가 없더라도 끔찍하면서도 상쾌하게 이해된다.

"마약은 나를 죽이는 것이구나. 이제 끊어야지."

단어 사용에는 KISS(Keep It Short &Simple) 기법을 활용하면 더욱 명쾌하다.

Part 2

긍정의 사고로
디자인하라

성공인은
긍정의 문을 두드린다

"요즘 하는 일은 좀 어떠십니까?"

보통 이런 질문을 받으면 긍정형, 평범형, 부정형, 세 가지 형태로 답을 한다.

첫째 부정형. 이들은 입버릇처럼 이렇게 말한다.

"별로예요." "피곤해요." "죽을 지경입니다." "묻지 마세요." "경쟁자가 너무 많아서 수익성이 없습니다." 등으로 자신이 처한 환경을 주변의 탓으로 돌린다.

둘째 평범형.

"그저 그렇지요." "대충 돌아갑니다." "먹고는 살지요." "늘 똑같죠." "거기서 거깁니다." 등 목적 없이 항해하는 난파선처럼 이야기한다.

셋째 긍정형. 이들이 하는 말에는 열정과 힘이 가득 실려 있다.

"죽여줍니다." "좋습니다." "대단합니다." "환상적입니다." "끝내줍니다." "아주 잘 돌아갑니다." "지금은 어렵지만 희망이 있습니다." 명확하게 목표를 향해 질주하고 있는 경주용 자동차처럼 에너지가 왕성하다.

이 세 가지 유형 중 당신은 어떤 유형이 마음에 드는가? 아마 긍정형의 말투일 것이다. 성공인 그룹과 실패인 그룹은 말하는 습관부터 다르다. 성공인 그룹의 말투를 자세히 분석해보면 다음과 같은 공통점이 있다.

첫째, 실패를 나무라기보다 성취를 인정한다.
둘째, 작은 성공을 서로 축하해준다.
셋째, 화를 내기보다는 유머를 즐긴다.
넷째, 남을 탓하기 전에 자신을 탓한다.
다섯째, 부정문보다는 긍정문으로 말한다.

어느 도시락 판매점에서 경험한 일이다. 우연히 도시락으로 점심을 해결하고 있을 즈음 특이한 점을 목격했다. 주변엔 기업체들이 많아 매장의 판매보다는 배달이 더 많다. 그래서 배달하는 알바생이 많을 수밖에 없다. 그런데 주인은 알바생이 배달을 나갈 때나, 돌아왔을 때나 꼭 이렇게 말을 한다.

"쉬었다 하시게."

"안전모 쓰고 다녀오시게."

"급하게 운전하지 말고 안전 운전하시게."

"따뜻한 물 좀 먹고 하시게."

"추우니 두툼하게 옷을 입고 다녀오시게."

주인의 말투엔 주인과 알바생의 관계가 아니라 가족 같은 인간미가 넘쳐 있다. 나는 속으로 '참 별난 분이구나.' 하고 생각했다. 나중에 알아보니 그 주인은 둘째가라면 서러워 할 '도시락 판매 왕'이었다. 즉, 한 분야에서 최고를 달리는 사람들은 말하는 데도 이렇게 신명이 나도록 얘기하고, 상대를 배려해주는 자세를 가지고 있음을 알았다. 열정이 저절로 생기는 법이 없음을 확인해주는 삶의 현장이다. 이처럼 성공하려면 무엇보다 말투부터 바꿔야 한다. 옛 속담에 '말이 씨가 된다.'는 것은 평상시 하는 말이 바로 성공과 실패를 암시하는 중요한 씨앗이 된다는 의미일 것이다.

두 명의 농부가 1,000평에 달하는 밭을 똑같이 갈고 있다. 그런데

배짱이 곧 실력이다

한 농부는 "아직도 900평이나 남았는데 언제 이 밭을 다 가나?" 하고 푸념을 하고 있다. 그런데 다른 농부는 "이제 900평밖에 남지 않았구나."라고 말한다면. 누가 먼저 밭을 먼저 갈겠는가? 긍정이라는 단어의 힘은 상상 이상의 힘을 발휘한다. 삶을 비판하여 자살하려는 사람을 살릴 수도 있고, 정신적으로 피폐한 나날을 보내는 사람에게 용기를 줄 수 있다. 매우 가난한 사람을 부자로 만들 수 있고, 사업을 포기한 사람에게 믿음을 심어주고 대박의 꿈도 실현시키기도 한다. 더구나 타인에게 그러한 생각을 전파하는 강력한 힘을 가지게 한다.

나라 살림이 어려웠고 배고픈 시절의 얘기를 하고자 한다.

1975년 여름 어느 날, 대통령은 H건설의 J회장을 청와대로 급히 불렀다. "달러를 벌어들일 좋은 기회가 왔는데 관료들은 불가능하다고 합니다. 지금 당장 중동에 다녀오십시오. 만약 J사장도 안 된다고 하면 나도 포기하지요."

J회장이 대통령에게 물었다.

"불가능한 이유가 무엇입니까?"

"1973년도 석유파동으로 지금 중동국가들이 달러를 주체하지 못한다고 해요. 그 돈으로 여러 가지 사회 인프라를 구축하고 싶은데, 너무 더운 나라라 선뜻 일하러 가는 나라가 없는 모양입니다. 우리나라에 일할 의사를 타진해 왔습니다. 관료들을 보냈더니, 2주 만에 돌아와서

하는 얘기가 너무 더워서 낮에는 일을 할 수 없고, 더구나 건설 공사에 꼭 필요한 물이 없어 공사를 할 수 없는 나라라는 겁니다."

중동으로 떠난 J회장은 5일 만에 다시 청와대에 들어가 대통령을 만났다.

"각하, 지성이면 감천이라더니 하늘이 우리나라를 돕는 것 같습니다."

놀란 대통령이 대꾸했다.

"무슨 얘기요?"

"중동은 이 세상에서 건설공사 하기에 가장 좋은 지역입니다."

"뭐요!"

"1년 열두 달 비가 오지 않으니 1년 내내 공사를 할 수 있고요."

"또 뭐요?"

"건설에 필요한 모래, 자갈이 현장에 깔려 있으니 자재 조달이 쉽고요."

"물은?"

"인근 지역에서 실어오면 됩니다. 건설공사에 물 비용은 얼마 되지 않습니다."

"50도나 되는 더위는?"

"천막을 치고 낮에는 자고 밤에 일하면 됩니다."

   배짱이 곧 실력이다

대통령은 벨을 눌러 비서실장을 불렀다.

"임자, J회장이 중동에 나가는 데 정부가 지원할 수 있는 것은 모두 도와줘!"

J회장 말대로 우리 근로자들은 낮에는 자고, 밤에는 횃불을 들고 일을 했다. 세계가 놀랐다. 달러가 부족했던 그 시절, 30만 명의 일꾼들이 중동으로 몰려 나갔고 보잉 747 특별기편으로 달러를 싣고 들어왔다.

사막의 횃불은 긍정의 횃불이다.

긍정은 모든 것을 가능하게 한다.

부정적 생각은 깡통을 찰뿐이다.

한국전쟁 당시의 미군포로 관련 보고서를 통해 부정적인 감정이 인간의 수명에 관여한다는 사실을 알아낸 클리프턴은, 반대로 긍정적인 감정이 어떤 역할을 하는지를 50년간 연구했다. 그의 저서 ≪물통은 얼마나 채워져 있습니까?≫에서 물통과 국자이론은 타인과의 교류에서 보이지 않은 물통이 넘쳐 날 때는 매우 행복하다. 물통이 비어 있을 때는 불행하다. 긍정적인 말이나 행동으로 타인의 물통에 물을 채우는 순간 우리의 물통에도 물이 채워진다. 부정적인 상사는 부하직원의 심장마비 확률을 33% 증가시킨다고 한다. 부정적인 사고와 행동은 자신뿐만 아니라 타인에게도 깊은 상처와 질병을 준다. 부정적인 말이 자신의 사고와 행동을 지배하도록 방치해서는 안 된다. 긍정적인 생각을 하고 자신을 격려하며 살아야 한다. 긍정의 말은 성공의 주문이 되어 인생을 살맛나게 한다.

다음은 Happyology(행복학:조어)의 저자인 차한주씨가 경험한 이야기이다.

수많은 택시 기사들 중에 잊을 수 없는 한 사람이 있었다. 그 기사는 손님들의 태도에 관한 자신의 경험담을 털어놓기 시작했다.

택시를 운전한지 얼마 안 됐을 무렵, 그는 이 직업에 많은 회의를 가졌다고 했다. 많은 사람들이 자기를 사람으로 대하지 않고 택시로 대하더라는 것이다. 처음에는 손님이 차를 불러 세울 때 택시라는 소리에 기분이 좋지 않았고, 더욱 마음을 상하게 한 것은 자기를 부를 때도 택시라고 외치는 것이었다. 그러나 택시 운전을 10년 동안 하면서 자기 나름대로 도를 닦아서 이제는 산신령이 되었다는 것이다. 그는 어떤 손님이 타더라도 항상 감사하는 마음으로 환영하며, 목적지에 도착하기 전까지 손님의 기분을 흡족할 수 있도록 최선을 다하겠다고 마음먹었다. 마음먹은 그날부터 자기 마음에 평화가 오는 것을 느낄 수 있었다고 했다.

그는 자기 성을 '택'가라고 스스로 생각하기로 했다는 것이다. 그런데 사람들이 자기를 '택'가라고 부르지 않고 '택'씨(氏)라고 불러 주니, 이처럼 고마운 일이 어디 있는가라며 긍정적으로 생각되어지더라는 것이다. 그리고 자기의 이름은 '택 어이'인데, 어떤 사람은 자기를 '어이 택씨!' 하며 이름까지 불러 주니 어떻게 고맙지 않을 수 있겠느냐고 내게 반문했다.

우리의 성공은 '우리가 추구해 온 목적을 충분히 달성하는 것'이다.

그 목적을 구체화시키기 위해서는 정신적인 자세를 확고히 하여 행동해야 한다. 여기서의 정신자세는 내가 지닌 강점과 약점이 무엇인지를 검토하여, 가장 합당하고 가장 근사치에 가까운 '나'를 정확히 인식하여 긍정적인 방향으로 유도하는 마음가짐이다. 미국 하버드 대학의 심리학자인 윌리엄 제임스는 이런 마음가짐의 결과에 대해 다음과 같이 얘기하고 있다.

생각이 바뀌면 태도가 바뀌고,

태도가 바뀌면 행동이 바뀌고,

행동이 바뀌면 습관이 바뀌고,

습관이 바뀌면 인격이 바뀌고,

인격이 바뀌면 운명이 달라진다.

결론은 생각이 운명을 다르게 하고 인생을 내 의지대로 바꿀 수 있다. 그 생각은 둘 중에 하나임을 선택하게 한다. 부정적 생각과 긍정적 생각의 선택이다. 긍정적 생각을 핀셋으로 고정시켜야 한다. 물론, 냉소적이고 비관적인 사람들은 흔히 긍정적인 생각을 비현실적이고 잘못된 것이라고 비판하기도 한다.

"그런 생각은 항상 손해 보고 살아야 한다는 얘기다."

"인생에서 패배자의 길로 가는 것이다."

"학자들이 이론적으로 성인군자처럼 살라는 얘기이다."

"현실에서는 불가능한 얘기이다."

그러나 긍정형은 자기의 강점을 잘 알지만 부정형은 자기의 약점만 잘 안다.

긍정형은 남의 말을 잘 들어주지만, 부정형은 자기 이야기만 한다.

긍정형은 'Win & Win' 게임을 하지만, 부정형은 'Lose & Lose' 게임을 즐긴다.

긍정형은 '해 보겠다'고 하지만, 부정형은 '무조건 안 된다'는 말을 입에 달고 다닌다. 긍정형은 '지금 당장'이라고 하지만, 부정형은 '나중에'라고 한다.

긍정형은 '지금까지 이만큼 했다'고 하지만, 부정형은 '아직 이것밖에 못했다'고 한다.

물론 강점만 최대로 긍정화하고 약점을 무시하는 자만감이 있어서는 곤란하다.

그러나 강점을 부정하고 약점만 최대로 부각시켜 겪는 패배감은 더욱 곤란하다.

자신의 강점을 최소로 긍정하고 약점만 최대로 부각시켜 얻는 열등감이라면 되는 일이 별로 없을 것이다.

자신의 강점을 최대로 긍정화하고 약점을 최소화하는 자신감이야말로 긍정형 인간이다.

마커스 버킹엄은 ≪위대한 나의 발견 강점혁명≫에서 20여 년간 성공한 사람들을 만나 인터뷰한 결과 성공한 사람들은 모두 약점의 지배에서 벗어나 강점을 재발견하는 데 자신의 모든 것을 쏟았다는 공통점을 갖고 있었다고 한다.

또 그들은 자신의 단점을 고치기 위해 시간과 노력을 20% 사용하고, 나머지 80%는 장점을 강화하는 데 사용한다고 말한다.

신체는 긍정의 마음이든 부정의 마음이든 마음의 하수인 것만은 틀림없다. 어떤 사람은 긍정적으로 생각하는 것을 문제, 비극, 절망적인 상황을 인정하는 것으로 본다. 그리고 모든 문제가 자기 탓이라 생각하게 되어 자신을 증오하게 된다고 한다. 그러나 결코 그렇지 않다. 긍정적인 생각은 절망과 낙담, 실패를 치료하는 수단이 되기도 한다.

자신의 문제를 긍정적으로 보는 것은 자신의 문제에 책임을 지고 해결하는 기쁨을 갖게 된다. 모든 일을 긍정적으로 생각하면, 보다 가치 있는 삶을 살게 되고 더 넓고 깊은 삶을 살 수 있다. 긍정적인 생각은 모든 상황과 환경에서 기회를 찾으려고 하며 슬픔과 비극적인 상황에서조차 장점과 동정심을 개발하고 도움을 줄 수 있는 기회가 온다는 점을 알게 된다. 긍정적으로 생각하면 택시 기사처럼 인생이 밝아진다. 우리 시대의 가장 위대한 발견은 자신의 생각을 긍정적으로 변화시킴으로써 나의 삶도 변화시킬 수 있다는 것이다.

오늘의 나의 모습은 어제까지 내가 생각하고 결정한 모습이다. 누구의 탓도 아니고 원망의 대상도 아니다. 만족한 현재의 모습이라면 그것도 전적으로 당신의 몫이다. 그래서 내일의 나의 모습은 내가 오늘 어떻게 결정할 것인가에 달려 있다. 현재의 나의 모습에 변명거리와 핑계거리를 찾는 사람이 있다. 핑계는 우리의 발목을 붙잡고 늘어지는 족쇄가 된다. 긍정의 태도로 살아간다면 보다 가치 있는 삶을 살 것이다.

운칠기삼을
운삼기칠로 만들어야 한다

"야! 들어갔다."

"어이쿠! 실패했네."

"다시 한 번, 에라!"

그런 뒤에 다섯 개 한꺼번에 던진다.

"삼세번이다."

"골인!"

신혼부부는 얼싸안고 포옹한다.

일본의 미야자키 니치난 해변, 절벽 아래 동굴에 위치한 신사 우도 신궁 앞에서 관광객들이 무언가를 열심히 던지고 있다. 운다마(運玉) 라는 이름의 운(運)이라는 한자가 적혀있는 돌을 사서 해변 아래에 있는 원형 속에 던진다. 무녀가 남자는 왼손, 여자는 오른손으로 절벽 위의 바위 구멍에 던지라고 말해준다. 운이라는 한자가 적혀 있는 진흙으로 빚어 말린 동글동글한 운다마(운 구슬)에 희비가 교차한다.

주변에서 운이 나빠서 큰돈을 벌지 못했다는 말은 자주 들을 수 있다.

어떻게 보면 자기 합리화하여 실패의 데이터를 지우고 싶은 심리적 위안일 수도 있다.

'공부에 재미를 느낀다. 최근에 주식에 투자하여 수익이 났다. 이제 돈이 보인다.' 이 말의 의미는 옛날에는 잘 풀리지 않았던 일들이 요즘 솔솔 풀린다는 의미일 것이다.

우리는 흔히 무엇에 '눈을 떴다.' '사업에 감을 좀 잡은 것 같다.'고 하면서 말끝마다 '운이 좋았다'는 말로 맺는 경우가 많다. 물론 실패했을 때도 운때가 맞지 않았다고 하면서 스스로 위안을 한다.

운이 좋고 나쁘다는 것은 어떤 의미일까? 성공하고 능력이 있는 사람일수록 운이 좋다는 얘기를 많이 한다. 운이 좋은 사람은 직감에 따라 성공했던 일을 기뻐한다. 운 좋은 사람은 미래에 대한 기대로 가슴 설레곤 한다. 반대로 운이 나쁜 사람은 자신의 직감에 따라가지 않았던 일을 후회하고 무엇인지 모를 불안을 느낀다. 세상에는 성공하는 사람도 있는 반면에 실패하는 사람도 많다. 얻는 것이 있는가 하면 잃는 것도 있다. 일이 잘 되어 가다가도 어느 순간 사고나 질병 문제 등이 터진다. 부동산에 투자했다가 막차를 타서 막대한 손실을 본다든가, 대출받아서 주식에 투자했는데 어느 날 갑자기 그 주식이 상장폐지가 되어 대출금을 몽땅 날렸는데도 꼬박꼬박 이자를 내야 하는가

하면, 몇 년 전에 묻어 놓았던 동전 주식이 대박을 낸 이들도 있다. 로또 1등의 행운으로 수십억을 거머쥔 사람들도 있다. 로또 1등에 당첨되고도 오히려 당첨되기 전보다 더 불행한 삶을 사람도 많다. 이 모두가 어떻게 결정되는 것일까? 운에 따라 결정되는 것일까?

어느 선비가 과거시험에 번번이 낙방하였다. 가산은 기울고, 아내는 아이와 함께 가출해 버렸다. 죽을 작정을 하고 대들보에 동아줄을 매어놓고 생각하니, 자기보다 못한 자들이 급제한 것이 억울하고 분통이 터져 죽을 수가 없었다. 그래서 옥황상제에게 따져보기로 했다. 옥황상제는 정의의 신과 운명의 신을 불러 술 마시기 시합을 시켜놓고 선비에게 말했다. 정의의 신이 더 많이 마시면 네가 화난 것이 옳고, 운명의 신이 더 많이 마시면 네가 체념하는 것이 옳다고 했다. 술 마시기 시합에서 운명의 신은 일곱 잔을 마시고 정의의 신은 석 잔 밖에 마시지 못했다. 옥황상제는 말했다.'세상은 정의대로 행해지는 것이 아니라 불합리한 운명의 장난이라는 것이 꼭 따르는 법이다. 세상이 7푼의 불합리가 지배하고 있긴 하나 3푼의 이치가 행해지고 있음을 알아야 한다.' 과거시험에 여러 번이나 떨어진 청나라 포송령(蒲松齡)이 그의 작품집인 '요재지이'에 운칠기삼(運七技三)의 이야기를 남겼다,

그러나 여기서 70%의 운이라도 자기의 노력 30%가 없으면 뜻을 이룰 수 없다는 의미로 해석해야 한다. 즉, 아무리 운이 좋더라도 우공

이 산을 옮겨놓듯(愚公移山) 1%~30%의 노력을 하지 않는다면 성공은 허망한 꿈에 지나지 않는다. 성공한 사람들은 대체로 운을 자기편으로 만들 줄 안다. '자기 운명은 자기가 지배하라. 안 그러면 남이 지배할 것이다.' 운(運), 둔(鈍) 근(根)의 글씨를 써서 주변 사람들에게 선물한 회장도 있다. 사업에 성공하기 위해서는 운(運)이 따라야 하고, 당장 운이 없으면 우직하게(鈍) 기다릴 줄 알아야 하며, 운이 닿더라도 근(根)기가 있어야 내 것으로 만들 수 있다는 가르침이다.

얼마 전 L기업 강의 때의 일이다. 유달리 교육에는 관심이 없고 의기소침한 모습의 P씨가 생각난다. 틈을 내어 쉬는 시간에 커피 한잔하자고 말문을 열었다. 이유를 들어보니 승진 인사발령에서 입사동기생 중에 자기만 탈락되었다는 것이다. 아무리 생각해보아도 탈락될 만한 이유를 모르겠다는 것이다. 상사와 사소한 갈등이 원인이 된 것인지, 자재를 납품하는 K사장과 납품 가격 때문에 실랑이가 있던 것이 원인인지, 동료들의 시기와 질시로 승진 못한 것인지 별별 생각이 다 든다는 것이다. "운이 나쁜 것 같네. 그리고 기회는 다시 오네."라고 위로했지만 P씨는 강의 끝날 때까지 펜을 잡는 모습을 볼 수가 없었다. 원인을 자신 쪽으로 쳐다보지 않고 남 탓으로 돌리는 얘기를 듣고서야 승진에 탈락한 이유를 조금은 알 것 같았다. 운이 없어 승진에는 탈락되었지만 뭔가 나에게 경쟁자보다 부족한 2%가 무엇인지 찾아본다면 오늘의 탈락이 오히려 보약이 될 수 있다.

H기업의 Y씨는 승진에는 탈락되었지만 P씨와는 생각이 달랐다. 과장 승진에는 입사동기들보다 늦었지만 지금은 임원이 된 대기만성형이다. 그는 지금도 운도 실력이 전제돼야 가능한 일이라고 한다. 승진에 탈락되었을 때 자신에게 끊임없이 질문을 던졌다. 업무수행 능력이 부족한가? 어학 능력이 부족한가? 대인관계와 소통부족인가? 그리고 운을 잡을 수 있는 통찰력과 예지력이 있어야 하고, 기회는 언제인가는 다시 온다는 긍정적 생각이 무엇보다도 제일 중요하다고 말한다. 주위에는 무수한 운들이 흘러 다니는데 통찰력이 없으면 운을 잡을 수가 없다는 것이다. 실력, 통찰력, 준비성과 끈기가 있어야 기회가 온다. 비관하는 자는 자신의 기회에서 어려움을 만드는 자요, 낙관하는 자는 자신의 어려움 속에서 기회를 만드는 자다.

운 좋은 사람들은 그렇지 않는 사람들과 다르게 생각하는 방법들을 가지고 있다. 불운한 사람들은 틀에 박힌 일에 빠져 있어서 새로운 것을 보아도 느낌이 없다. 운이 좋은 사람들은 언제나 새로운 것을 원하며 위험을 무릅쓸 준비가 되어 있고, 기회를 찾고자 한다.

운이 좋은 사람들은 기회를 잘 만들고 행동하는 데에 능숙하다. 새로운 경험에 대한 도전과 네트워크를 구축하고 관리한다. 자신들의 직관적 능력과 내면에서 울려나오는 본능적인 느낌에 귀를 기울여 효과적인 결정을 내린다.

항상 미래가 밝을 것이라고 기대하고, 실패하더라도 다시 도전한다. 다른 사람들과의 상호관계에 긍정적인 도움을 준다. 악운에 대처를 잘하고 성공하기 위한 여러 가지 심리적 테크닉을 활용한다. 자신을 궁지에 몰아넣어서 더 악화될 수 있는 상황을 설정하고, 그 상황을 조절한다.

리시포스(Lysippos)는 고대 그리스의 조각가다. 그는 우스꽝스러운 조각품을 만들었다. 모습은 사람 같기도 하고, 형상은 짐승 같기도 한 애매모호한 조각품이다.

기괴한 모습의 조각품의 앞머리는 머리카락이 무성한 반면에 뒷머리는 머리카락이 한 올도 없는 대머리이며 양발 뒤꿈치에는 커다란 날개가 아니라 조그마한 날개가 달려있다.

한 손에는 저울, 다른 한 손에는 날카로운 칼을 들고 있다. "저건 뭐야~ 우스꽝스럽게 생겼네." 하며 그냥 지나치는 관광객들에겐 웃음거리 조각품이지만, 가까이 가서 앞에 쓰인 시구를 보면 하나같이 가슴이 서늘해질 것이다. 문답으로 이루어진 그 시의 일부는 이렇게 시작한다.

너는 누구인가?

나는 모든 것을 지배하는 시간이다.

앞머리가 무성한 이유는 사람들로 하여금 내가 누구인지 금방 알아차리지 못하게 함이며,

또한 나를 발견했을 때는 쉽게 붙잡을 수 있도록 위함이고,

뒷머리가 대머리인 이유는 내가 지나가고 나면 다시는 나를 붙잡지 못하도록 위함이며, 발에 날개가 달린 이유는 최대한 빨리 사라지기 위해서이다.

금방 알아차릴 수는 없으나 발견하면 쉽게 붙잡을 수도 있는 것.

그러나 지나치면 다시는 붙잡지 못하고 최대한 빨리 사라지는 것.

바로 '기회' 입니다.

이 조각품의 주인공은 제우스의 아들인 '기회의 신' 카이로스(Kairos) 신의 형상이다.

앞에서는 누구나 쉽게 머리털을 움켜쥘 수 있다.

그러나 바람처럼 한번 지나가면 뒤에서는 잡아챌 머리카락이 없다.

때를 맞춰서 힘을 발휘해야 하는 기회를 잡지 못하면 다시 돌이킬 수 없다는 뜻이다. 조각품의 손을 살펴보면 한손에는 저울과 다른 한손에는 날카로운 칼을 들고 있다. 기회가 왔을 때는 저울을 꺼내 분별하고 판단해야 한다. 그리고는 칼같이 결단해야 한다.

카이로스의 발뒤꿈치에 있는 날개는 늘 달아날 준비를 하고 있다

는 것이다.

기회가 문을 두드릴 때 뒤뜰에 나가 세 잎 클로버를 짓밟으면서 네 잎 클로버를 찾지 말라. 기회 앞에서 꾸벅꾸벅 졸고 있거나 우물쭈물하는 사람은 결코 카이로스의 머리카락을 움켜쥘 수 없다. 지금 이 순간에도 기회의 신 카이로스는 투명인간처럼 우리의 옆을 바람처럼 지나가고 있다. 그대 운이 없다고 투덜거리지 말라. 운도 실력이 바탕 되어야 한다. 그리고 때를 기다리다 기회를 제대로 잡는 것이 중요하다.

준비하고 길목을 지키고 있는 사람이 성공의 기회를 잡는다. '운'은 바로 준비된 사람에게 기회가 온다는 뜻이다.

준비되지 않은 사람에게 그 기회는 아무런 의미가 없다. 또 준비가 되어 있어도 때를 만나지 못하면 의미가 없다. 어떤 미래를 위해 무엇을 준비할 것인가에 대해 고민하고, 예지력을 키워야 한다.

운명의 피동자가 아니라 능동자가 되어야 한다. 길을 찾는 것이 아니라 내가 가면 길이 생긴다는 마음으로 임해야 한다.

결정론자는 운칠기삼(運七技三)을 따르고, 비결정론자는 운삼기칠(運三技七)로 만들어 간다.

이 옷감, 저 옷감 중
자신감이 제일 명품이다

사람들은 자신이 해보았던 일이나 어떤 일에 대한 생각은 잘 이야기한다. 그러나 자신의 속마음을 털어놓는 것에 대해서는 불편하게 느낀다. 내가 누굴 미워하고, 과거의 잘못된 행동, 자신의 약점, 다른 사람과의 비교하기 등 자신의 진솔한 모습을 남에게 이야기하는 것을 의식적으로 피하는 경향이 있다. 자기 자신을 남에게 이야기할 때 많은 사람들은 마치 복면을 쓴 것처럼 자신을 감춘다. '옛날에는, 이전까지 어땠든지 간에'라는 말투를 쓰면서 자신을 더 깊은 곳으로 감춘다.

뿌린 대로 거둔다는 말이 있다. 촉촉하고 비온 땅에 잣나무를 심으면 거대한 잣나무로 자랄 것이다. 이와 마찬가지로 자신의 생각이나 태도, 믿음이나 행동의 말을 의도적으로 마음의 밭에 심으면 자존감이 높아지면서 자신감이 자라난다. 반대로 자신을 드러내지 않고 자신을 핍박하거나 의심하면 자존감을 떨어뜨려 자신감을 잃게 한다. 마치 전쟁터에서 적의 편에 서서 자신을 향해 무기를 들고 싸우는 것과 같다. 물론 자존감이 전부는 아니지만 자존감 없이는 할 수 있는 것도 없다.

당신은 때때로 생각할 것이다.

1. 다른 사람을 좋아하는 것이 어렵다.

2. 낯선 사람과 있을 때 불편하다.

3. 다른 사람과 유쾌하지 못한 대면은 피한다.

4. 다른 사람들이 당신의 생각대로 하지 않을 때 화가 난다.

5. 사람들이 당신을 칭찬하고 존경하기 원한다.

6. 다른 사람들이 당신을 어떻게 생각할지 염려한다.

7. 자신에게 동의하지 않는 사람들이 잘못되었다고 생각한다.

8. 다른 사람들을 이해하지 못한다.

위에서 표시한 8개 항목 중 몇 가지가 '예'와 '아니오'에 해당되는가?

8개 항목 전부가 '아니오'로 대답할 수 있는 사람은 몇 명이나 될까?

모든 사람들은 질문에 묘사된 느낌들을 어느 정도 경험을 한다. 그러나 그런 느낌들을 인정하려는 사람들은 거의 없다. 사람들은 그러한 느낌들이 나약함, 무력감, 열등감, 또는 감추어진 개인적 문제로 비쳐진다고 믿기 때문이다. 오히려 모험을 걸고 내면의 비판을 털어내면 일의 성공부터 가정 생활, 직장 생활, 여가 활동까지 행복감을 준다. 마음이 후련하다는 생각이 들지 않을까? 앞으로 내면의 비판이 마

 배짱이 곧 실력이다

음속에 앉아 있을 자리를 철거하자.

나의 단점이나 문제를 다른 사람들 앞에서 얘기한다는 것은 엄청
난 모험이다. 그러나 다른 사람들 앞에 기꺼이 드러내겠다는 마음가
짐을 가지면 자신감이 더욱 커진다. 나의 느낌이 나쁘다거나, 틀렸다
거나, 또는 열등하다고 생각하지 말자.

내가 어떤 사람이든 어떠한 문제점들을 갖고 있든, 혹은 어떤 느낌
을 갖고 있든지 간에 자신은 결코 혼자가 아니라는 사실을 명심해야
한다. 누구나 똑같이 가족이 있고 친구가 있고 직장이 있고 나의 공동
체가 있다. 왜냐하면 다른 사람들도 그 공동체 속에서 나와 똑같은 고
민과 갈등을 느끼고 있기 때문이다. 우리가 있는 곳에는 항상 다른 사
람들이 함께 있다. 그리고 그들은 당신을 필요로 하고 있다.

수강자들에게 그룹별로 조각 퍼즐을 한 질씩 주면서 십자가를 완
성해 보라고 한다.

주어진 시간 동안 어느 그룹이든 퍼즐 모양을 맞추지 못한다. 왜
냐하면 미리 그룹별로 한 조각씩 부족하게 주었기 때문이다. 애초부터
완성할 수가 없는 미완성 퍼즐이다. 부족한 조각은 다른 그룹 퍼즐에
미리 섞어났다. 그런데도 불구하고 다른 그룹에 지원 요청을 하지 않
고 자기 그룹 내에서 끝까지 해결하고자 한다. 일정한 시간이 흐른 후
그룹 리더를 불러 해결방법을 서로 상의하라고 주문한다. 그때서야 다

른 그룹의 퍼즐 조각 하나를 지원 받고서야 완성한다. 수강자들은 완성하지 못했던 그 시간과 퍼즐 조각을 오래 기억한다.

삶이란 미완성의 조각 그림을 맞추는 퍼즐과 같다. 매일매일 한 조각씩 놓는 것은 삶을 흥미롭고 즐겁게 만든다. 다른 사람과 함께 자신의 내적인 모습을 나누는 것은 함께 퍼즐을 맞추는 것과 같이 역동적이다. 우리는 다른 사람들이 자신의 조각 그림을 완전하게 만드는 데 필요한 '빠진 부분'을 가지고 있다. 완벽한 사람이 어디 있는가. 내가 부족한 부분을 남들이 가지고 있고, 남들이 부족한 부분을 내가 가지고 있을 수 있다. 상호 보완하고 채워서 살아가야만 하는 이유가 여기에 있다. 남들은 탁월한 역량이 있는데 나는 그런 역량이 없다가 아니라 남들이 없는 역량을 나도 한 가지 이상은 가지고 있다. 그래서 내가 가지고 있지 않은 삶의 빠진 조각에 너무 비판적이고 나약한 생각과 행동을 할 필요가 없다. 이런 행동은 자신감이 사라져서 나약한 자신을 만들 뿐이다. 이 옷감 저 옷감보다 더 좋은 명품 옷감은 자신감이라는 말이 있지 않는가.

어렸을 때 아버지와 함께 오스트리아에서 20달러만 가지고 미국 캘리포니아로 이민 온 아놀드 슈왈제네거는 가난한 어린 시절을 보냈다. 아버지는 알콜 중독자였다. 형은 가정환경을 불평하다가 아버지처럼 알콜 중독자가 되었다. 그리고 20대의 나이에 교통사고로 숨졌

　　　　　　　　　　　　　　　　　　　배짱이 곧 실력이다

다. 좋지 않은 환경에서도 아놀드 슈왈제네거는 아버지와 형처럼 살지 않겠다는 각오로 자기의 재능을 찾았다. 내가 할 수 있는 일은 무엇인가? 무엇을 하면 인생이 달라질까? 자신에게 끊임없이 질문하고 시작한 일이 보디빌딩이다. 물론 어려서부터 몸이 약했던 탓에 어머니의 권유도 있었다. 미스터 유니버스에 5회, 미스터 올림피아에서 7회에 걸쳐 정상을 차지하였다. 보디빌더가 인연이 되어 인기 영화배우로 활동했다. 또 정치에 입문하여 캘리포니아 주지사로 당선되기도 했다.

두 형제는 부모가 다른가?

양육 환경이 다른가?

형은 가족과 자신을 원망하다가 불량배가 되고, 알콜 중독자 아버지처럼 살면서 교통사고로 사망했지만 아놀드 슈왈제네거는 똑같은 조건하에서 형과는 달리 생각했다. 병약하고 마른 몸이었던 그는 아르바이트를 하면서 받은 돈으로 매일 8시간동안 운동을 하였다. 생각의 차이가 삶의 차이를 만들어냈다. 자신 안에 있는 무한한 가능성을 믿고 자신감을 가진 결과라고 생각한다.

새로운 일을 시작할 때면 누구나 실패에 대한 불안감을 느낀다. 도전하기에 앞서 먼저 가로막는 것이 걱정이다. 그래서 시도와 도전을 포기하여 성장과 변화의 기회를 놓치는 경우가 있다. 일을 시작하기 전에 실패에 대한 나쁜 이미지를 연상하기보다 좋은 결과만을 그려보자.

그 일이 성취되었을 때의 상황을 구체적으로 비주얼(그려 보는 것)화 해 보자. 이 이미지 훈련법은 직원 대상의 연수, 외부 강연, 프리젠테이션 등을 준비할 때도 활용하지만 운동선수들이 더 많이 활용한다. 이 훈련방법이 이미지 트레이닝이다.

결과가 확연히 드러나는 스포츠계에서는 이미 널리 받아들여지고 있다. 올림픽에 나가는 선수들 중 대부분이 이미지 트레이닝을 받고 있다. 역도는 체력이 중요한 종목이기 때문에 이미지 트레이닝과 같은 심리적 방법은 별 도움이 안 될 것이라고 생각하기 쉽다. 역도의 장미란 선수는 평소 훈련 때마다 눈을 감고 경기장에서 자신이 어떻게 행동할 것인가를 머릿속에 그렸다고 한다. 실제 경기장에 도착하기 전에 이미지 트레이닝으로 자신이 그 경기장에서 어떻게 경기할 것인가를 무수히 반복 연습했다.

올림픽 영웅, 칼 루이스는 출발점에서 벌써 결승점을 상상했다고 한다. 테이프를 끊고 첫 번째로 결승점을 향해 달려가는 자신의 모습을 생생하게 그리면서 자신감을 가졌고, 어김없이 그것이 실현되었다고 한다.

실력에서는 거의 차이가 없는 선수들의 최후 승부는 정신력에 달려있다고 해도 과언이 아닐 것이다.

심리적 압박감이 높아지면 부정적인 이미지를 떠올리거나 부정적인 생각을 하게 되는 것은 당연하다. 이것은 시합에 임하는 운동선수나 중요한 일을 해야 하는 일반인 모두에게 해당된다. 압박감이 아무리 높더라도 성공의 이미지를 떠올릴 수 있다면 성공의 길로 들어설 가능성이 커진다. 승리의 자신감을 창조하는 긍정적 자기선언을 생활 속에서 실천해 보자. 긍정적 생각과 실천의 연결 고리를 꽉~ 연결하자.

"나는 내 일을 좋아하지 않는다."

"나는 기억력이 나쁘다."

"나는 다른 사람처럼 똑똑하지 못하다."

"나는 하는 일마다 실패할 것 같다."

"나는 누구든지 만나면 걱정이 앞선다."

"나는 인내력이 부족하다."

"나는 정말 특별한 재능이 없다."

"나는 나의 미래가 너무 불안하다."

"나는 충분히 잠을 못 자면 불안하다."

"나는 매사에 자신감이 없다."

위에 열거한 부정적 항목에 몇 개나 해당되는가? 습관적으로 이렇게 생각하는 건 아닌지 돌아보자.

우리의 행동은 우리가 사용하는 말들에 의해 결정된다. 우리 자신과 능력에 대한 생각이 부정적이라면 자신의 잠재성을 제대로 볼 수가 없다. 우리는 실제로 우리가 생각하는 대로 움직이고 있다. 부정적 이미지가 우리 마음속에 올가미로 자리잡으면 존중감이 사라지고 자신감이 상실된다. 자신감이 상실되면 운명의 주인이 방황하게 되고 결국은 모든 것을 잃게 된다.

사실 '나는 이런 부정적인 사람이다'라는 고정관념은 살아오는 동안 여러 상황을 거치면서 이미 뿌리 깊게 박혔기 때문에 한순간에 바꾸기란 쉽지 않다. 하지만 반복적으로 자신감을 훈련해 나간다면 내 안의 나를 깨우게 될 것이다. 자신감의 씨를 뿌리고 키워 나가는 자신의 모습을 상상해 보자. 자신감을 키울 수 있는 사람은 오직 한 사람뿐이다. 누구일까? 바로 자신이다. 자신이 못한다면 어느 누가 하겠는가?

절망감에 빠진 젊은이가 긍정적 사고의 창시자로 알려진 노먼 빈센트 필 박사를 찾아왔다.

"박사님, 어떻게 하면 세일즈를 잘할 수 있을까요?"

필 박사는 카드를 꺼내어 젊은이에게 주면서 반복해서 읽고 자기 선언하라고 했다. 반복해서 암송하는 동안 놀라운 일이 일이 일어났다. 영업 실적은 상승하고 회사에서 우수사원으로 선정되었다. 암송했던 카드 내용은 자신감을 깨워주는 세 문장이다.

“나는 훌륭한 세일즈맨이다.”

“나는 모든 준비가 되어 있는 프로다.”

“내가 만나는 사람을 나의 고객으로 만든다.”

이 옷감, 저 옷감 중 아무리 골라도 자신감만 한 명품 옷감은 이 세상에 없다.

미치지 않으면
열정을 깨울 수 없다

식을 줄 모르는 화염처럼 활활 타오르게 하는 불씨의 원동력은 어디에 있는가? 그것은 열정과 식을 줄 모르는 실천력과 행동력이다. 그 일에 미치는 것이다. 미친다는 것을 부드럽게 표현하면 열정이다. 사전에는 열정을 '어떤 일에 열렬한 애정을 가지고 열중하는 마음'이라고 정의하고 있다. 다시 말하면 자발적으로 일에 몰입하고 활력적으로 일에 매진하는 모습이다. 열정은 에너지를 충만하게 한다. 활력을 넘치게 한다. 신명나게 일하게 한다. 열정의 의미는 한번 하기로 한 일은 근성과 끈기로 끝까지 해내고, 주인의식으로 모든 일에 최선을 다하고, 스스로 책임지며, 현실에 안주하지 않고 더 높은 가치를 향해 끊임없이 변화와 혁신을 추구하며, 개인의 능력을 마음껏 발휘하여 성취감과 즐거움을 맛보자는 것을 의미한다.

그러면 열정을 가지려면 어떻게 해야 될까?

적극적 사고방식의 저자 노만 빈센트 필(Norman Vincent Peale)은 열정의 마력에서 열정을 갖는 방법은 간단하다고 한다. 인생을 사랑하는 능력을 배양하는 것이다. "사람들을 사랑하고, 하늘을 사랑하며,

아름다움을 사랑하고, 일을 사랑하는 것이다."라고 설명하지만 열정 (PASSION)을 갖기란 쉽지 않다. PASSION의 단어를 쪼개서 구체적으로 열정의 속마음을 풀어보자.

PRO; 적극적 사고(Positive Thinking)와 책임(Responsibiity), 그리고 목표(Objective)에 도전하라.

AMBITION; 꿈을 가져라. 비전을 제시할 수 있어야 한다.

SINCERITY; 상하 간, 동료 간에 신의가 있어야 한다. 윈윈하라.

STRENGTH; 도전 정신을 가져라.

INNOVATION; 새로운 생각과 자기계발에 정진하라

OPTIMISM; 부정적 사고에는 아이디어가 없다.

NEVER GIVE UP; 성공은 최종적인 게 아니며 실패는 치명적인 게 아니다. 중요한 것은 지속하고자 하는 용기다. 포기하지 마라. 포기는 배추 셀 때나 쓰는 말이다. 성공이 이미지가 된 목표라면 달성하고자 하는 끈기를 가져라.

'하늘은 스스로 돕는 자를 돕는다.'

많이 들어본 말이다. 세상을 살아가는 지혜를 던지는 화두이지만 모두가 새겨들어야 할 교훈이 숨겨져 있다. 어느 날 갑자기 하던 일도 하기 싫고 의욕도 없다. 저 사람은 왜 열정 없이 일할까? 한번쯤은 경

험하였거나 주변에서 흔히 볼 수 있는 모습이다. 누구를 위해서 열심히 성과를 내야 하는가? 누구를 위해서 일을 하는가? 성과를 내지 못하는 사람들의 공통된 핑계는 사장과 회사를 위해서 일한다고 대답한다. 천만의 말씀이다. 회사와 사장, 그리고 상사가 아니라 자기 자신을 위해서 일한다고 생각해야 한다. 성과를 내면 자기가 손해 보는 것으로 착각에 빠진다. 이런 모순에 빠져 있는 사람들에게 갖은 방법으로 설득과 회유, 질책 등으로 처방해도 씨알이 먹히지 않는다. 스스로 동기부여되지 않은 한 성과는 구호에만 그치고 의욕은 낙동강 오리알처럼 떠내려간다. 이런 의미에서 동기부여라는 말은 누군가 나에게 자극을 준다는 의미로 해석한다. 그래서 많은 사람들이 동기를 받길 기다리는 것일까? 그런데 앞에서 설명한 바와 같이 동기는 자기로부터 시작되는 의미가 더 크다. 이 기회에 동기부여라는 단어보다는 동기자발(?)이라는 단어로 바꾸는 것이 어떨까?

L기업의 공장장 Y상무는 생산 현장에서 잔뼈가 굳은 현장맨이며 성격은 매우 다혈질이다. 매주 간부회의 때마다 "오○○ 생산부장! 이번에 잘하면 인센티브를 줄 테니 생산량을 올려!" "성과 없으면 너희 부서에게 특단의 조치를 취하겠어! 이번에 화장실과 식당 등에 시설 개보수 비용으로 5억 원을 쏟아부었는데 소기의 성과는 있어야지!" 등 수시로 압력과 스트레스를 준다. 그리고 연말 경영성과 보고 때 부진

한 부서장에게는 "앞으로 성과가 부진하면 복지 후생시설에 한 푼도 투자하지 않겠다."며 거품을 물고 으름장을 놓기도 한다. Y상무는 동기이론에 엄청난 시각변화가 필요하다. 동기부여를 단기성 이벤트로 생각해서 즐기는 사람들이 많다. 예를 들면 체육대회, 야유회, 회식 등이다. 물론 가시적으로 어느 정도는 효과를 볼 수 있다. 동기유발의 한 부분이기는 하나 단발성에 그치고 만다. 이러한 단기적인 방식보다, 장기적인 업무 프로세스 또는 성과 평가 보상제도의 개선으로 열정이 불타오르게 하는 것이 오히려 동기부여에 효과적이다.

LM기업의 H사장은 S대를 졸업한 수재이다. 매우 영민하고 꼼꼼한 경영자다. 그는 그룹회장 집안과 혈육관계까지 맺은 처세술 또한 보유했다. 최단 시간에 신입사원에서 경영자가 되어 승승장구한 사람이다. 인사관리에서도 손익계산서와 대차대조표를 적용할 정도로 꼼꼼했다. 상여금 지급 방법도 실적이 떨어진 사람의 상여금을 깎아서 그 범위 내에서 지급하라는 식이었다. 철저한 ZERO-SUM식 상여금 지급 제도다. 받는 사람조차도 찝찝한 것은 매한가지다. 비서실은 항상 결재 품의서가 쌓여 있다. 왜냐하면 H사장은 결재서류를 일일이 계산기를 두들기면서 틀린 숫자를 찾아서 지적한다. 수학공식처럼 등식이 맞아야 직성이 풀린다. 솔직하게 얘기해서 숨이 막히는 스타일이다. CEO로서는 의사결정방식에 다소 문제가 있다. 모든 일을 일일이 간섭하는 리더 밑에서 일하는 직원들은 질리고 만다. 부서장들은 결재를 빨리 받기 위해 비서실 직원에게 아양을 떤다. 비서실 담당 직원은 결재서류 치다꺼리하느라 바쁠 수밖에 없다. 경제 신문의 주식현황을 체크하면서 H사장의 개인 보유주식 시세까지 관리하느라 더욱 바쁘다. 담당 비서는 H사장이 매입하는 주식을 매입해서 짭짤한 재미를 봤다. 월급은 부수입이다. 굿판에는 전혀 관심 없고 떡만 바라보는 전형적인 리더다. 이러한 리더 밑에는 수동적인 업무 스타일의 부하들만 있을 뿐이다. 권위는 없고 권위주의만 있을 뿐이다. 권위주위에 도전했다가는 수조통 속에서 빨대를 물고 겨우 숨을 쉬는 신세가 되어 감히 이의를 달기도 어렵다. 직원을 불신하는 리더 주변에는 아부꾼들이 창궐한다. 직원들과의 소통은 일방향이다. 직원들은 빨리 임기가 만료되기를 손꼽아 기다린다. 임기제 사장들은 성과 위주의 치적을 위해 임기 초에 집중적인 초기투자를 하여 연말 실적을 떨어뜨리고 2년차부터 실적을 올리기 위해 매입단가 후려치기와 수당 및 복리후생비 등을 깎아 실적을 올리는 전형적인 빼먹기 경영관리다. 퇴임 후 이력서에 화려하게 실적을 채색하여 다른 회사로 가서 수명을 연장한다. 경영의 귀재가 아니라 경영의 귀태다. 조직의 미션은 없다. 이기적이고 단기적인 경영관리다.

이런 리더가 퇴임한 이후에 취임한 후임 CEO의 공통점은 경영자의 무덤이 된다. 죽을 맛이다. 실적이 곤두박질하여 회복이 어렵다. 부서장과 직원들은 왜 있는가? 혹시 믿지 못해서일까? 그러면 직원들은 전부 내보내고 CEO 혼자서 회사를 끌고 가면 될 것이다. 성과는 리더 혼자서 창출하는 것이 아니라 직원을 통해서 내는 것이다. 요즘 직원들은 단군 이래로 가장 똑똑하다. 옛날에는 일방적 지시가 먹혀들었지만 자기주장이 매우 강한 요즘 직원들은 의사표현도 분명히 하고 때로는 따지기도 한다. 옛날에는 "자네! 조직에 쓴맛을 봐야 정신 차리겠어?" 하면 끽소리도 못하고 만사 제쳐 놓고 일만 했다. 조직의 쓴맛을 보지 않으려고 야근도 불사했다. 상사에게 이의를 제기한다는 것은 언감생심이다. 요즘 이런 얘기하면 대뜸 "과장님! 조직의 쓴맛이 어떤 맛인지 제 앞에서 직접 시범 좀 보여 주시겠습니까?" 하고 도리어 따지고 든다. 이렇게 주장이 강한 직원들에게 어떻게 하면 동기 부여를 할 수 있을까?

이러한 문제를 해결할 방법이 임파워먼트다. 물론 만병통치약은 아니다. 임파워먼트는 직원들의 업무 수행 능력을 제고시키고, 리더들이 지니고 있는 권한을 직원들에게 이양하여 그들의 책임 범위를 확대함으로써 잠재 능력 및 창의력을 최대한 발휘하도록 하는 방법이라고 할 수 있다. 일일이 과정을 규제하는 H사장은 대범하게 재량권을 위임하여 직원들이 스스로 열정과 창의력을 발휘할 수 있도록 결과를 규제하는 임파워먼트가 필요하다. "어찌하오리까?" 조직보다 "저의 의견은~" 하는 조직이 살맛나는 조직이다.

20년 정도 강의하면서 나름대로 회사 분위기를 파악하는 데 산신령이 되었다. 강의하면서 몸에 밴 습관이 하나 있다. 보통 2~30분전에 강의 장에 도착하여 회사 진행자와 얘기하는 습관이다. 20년간 그렇게 꾸준히 하다 보니 아직까지 지각해 본적이 없다. 교육 진행자에게 수강자의 성별, 연령, 근속기간, 전공과 학력 등을 파악하고 교육 니즈에 대한 의견을 들은 후, 회사의 의견도 물어본다. 회사 니즈와 강의 내용이 부합되도록 하기 위해서다. 그리고 강의실에 앉아 있는 수강자 표정과 자세를 본다. 표정과 자세를 관찰하면 그날 교육 분위기가 대충 짐작이 간다. 수강들의 표정이 밝은데다 웃음기가 있으면 직원들의 사기가 높고 경영실적도 좋은 회사다. 이럴 때 강의할 맛이 난다.

반대의 경우도 있다. 교육을 왜 받는지 모르겠다면서 투덜대는 수강자가 많으면 힘든 교육이 되는 것은 뻔하다. 우거지상을 쓰면서 서로 멀뚱멀뚱 쳐다보는 표정을 보면 터진 풍선처럼 에너지가 쫙 빠져나간다. '피할 수 없으면 즐겨라'는 말이 있다. 이왕 연수원에 왔다면 또 다른 의미와 즐거움을 찾아야 한다. 인상을 밝게 펴고 동료와 선후배와 세상 돌아가는 얘기해도 손해 볼 것이 없는데도 말이다. 이런 경우는 아무리 강의를 잘해도 먹히지 않는다. 간단한 스팟 게임을 하면서 흥미와 열정, 그리고 유머와 재미를 끄집어 내 본다. 의외로 뇌관에 불이라도 붙은 듯 폭발하는 분위기로 바뀔 수 있다. 그럴 때 강의 내용과 게임을 접목시켜 마무리한다. 열정은 누구나 다 잠재되어 있다. 어떤 뇌관에 어떻게 불을 붙이냐에 따라 폭발 소리가 다르다.

　말이야 쉽지, 현업에서 직원들의 잠재력과 열정의 도화선을 찾아서 불을 붙이기가 사실상 쉽지가 않다. 요즘 이러한 고민을 해결하기 위해 많은 기업들이 직원중시 경영에 활력과 생명력을 불어넣고 직원들이 즐겁고 신바람나게 일하는 조직문화를 만들기 위해 '펀 경영'을 도입한다. 교육에 재미와 유머를 겸한 스팟 게임을 하여 열정을 끌어내듯이 기업과 대학에서 다양한 스팟 게임을 접목하고 있다. 중요한 행사에 유명 성악가를 초청해 선율을 곁들인 축제장으로 바꾸어 분위기를 고조시키기도 하고, 화이트데이를 맞아 사장이 직접 여직원들에게 일일이 사탕을 건네주기도 한다. 때로는 고깔모자를 쓰고 직원의 깜짝 생일파티를 열어주기도 한다. 권위와 근엄의 상징처럼 여겨졌던 여대 총장은 교수와 학생들 앞에서 철저히 망가지는 모습을 보임으로써 소통의 기회를 주고, 열정으로 재미난 직장과 학교를 만들고 있다.

감정계좌 부족하면
부도난다

40대의 C부장 판사가 소송을 제기한 고소인 60대 여성에게 말했다. "늙으면 죽어야 해요."라는 말을 공개적으로 해버렸다.

20년 동안 남편에게 폭력을 당해온 A씨는 더 이상 남편의 폭력을 견디지 못하고 이혼 소송을 신청했다. A씨는 재판 중 B판사로부터 "20년을 맞고 살았으니 앞으로도 그렇게 살아라."라는 말을 들었다.

K씨는 조정 신청에서 "딸이 아픈가 본데 당신 구치소에 있다가 죽어나오는 꼴을 보고 싶으냐? 이니 왜 말귀를 못 알아들어요, 귀가 안 좋네."라는 말을 S판사로부터 들었다.

가장 신성하고 높은 도덕성과 공정한 판단을 요구하는 재판정에서 판사들이 내뱉은 말이라고 보기에는 믿어지지 않을 정도다. 아픈 상처를 어루만져 주기보다 상처에 소금을 뿌려서 덧나게 하는 말들이다.

가장 가까웠던 사람과 소송을 하는 것조차 부끄럽고 상처가 되는 일인데, 갈림길에 서서 번민하는 이들을 따뜻한 감성으로 품지 못하고 길거리로 내동댕이치는 것과 다름없다. 재판을 받는 것이 아니라 또 한 번 무시를 당한 꼴이다. 쟁쟁한 학벌에 공부도 많이 하고 어려운 법관시험을 통과한 지식인들이 내뱉는 말들이라고는 전혀 상상이 가지 않는다.

남에게 상처 주는 말을 잘하는 사람을 살펴보면 과거에 자신의 불행한 모습이 숨겨져 있거나, 선민의식으로 가득찬 귀공자(?)로 자랐거나, 그 과정에서 사회성이 결핍되어 있거나, 우월감에 도취된 사람들이 대부분이다. 아무리 학식이 높더라도 인성이 부족한 그들의 불쾌한 감정해결 방식에 함께 동화할 것이 아니라 상대의 불행한 환경을 동정하는 것이 오히려 편하다. 그런 사람을 만나게 되면 "아~ 불행한 과거가 있어 오늘 나에게 화풀이를 하는구나."로 생각해 보라. 화를 내게 하는 원인은 상대가 제공하지만, 내가 화를 낼 것인가 안 낼 것인가는 내가 결정하는 것이다.

노먼 귀트리는 오늘날 우리가 처리하고 있는 정신건강과 관련된 문제의 95%는 다음 한 문장의 말만 제대로 잘 실천된다면 모두 다 해결할 수 있다고 한다.

"'얕보지 마세요.' 라는 문장입니다. 남을 하찮게 여겨서는 안 됩니다. 남을 의기소침하게 만들어서는 안 됩니다. 비평이나 판단으로 다른 이의 자신감을 무너뜨려서는 안 됩니다. 얕보지 않는다는 마음가짐으로 살아간다면 정신 건강과 관련된 모든 문제는 다 해결될 것입니다. 범죄, 학교 수업을 따라가지 못하는 열등생, 경영자와 근로자 간에 야

기되는 갈등, 결손 가정 문제 등의 원인을 추적해 보면 자부심의 결핍
으로 문제가 생기는 경우가 많습니다."

직장 생활을 한 사람이면 누구나 한 번쯤 상사로부터 무시당하는
말을 들었을 것이다. 필자가 L그룹과 S그룹의 직원들을 대상으로 상
사로부터 무시당한 말들을 정리 발표하는 워크숍을 진행한 적이 있다.
남녀 불문하고 심한 막말이 많았다.

"너 학교 어디 나왔어?"

"이걸 보고서라고 작성해왔나?"

"시간도 없는데 그걸 뭐하러 했나?"

"도대체 생각을 해보고 이 일을 한 거야?"

"내가 너라면 자살하겠다, 자살해."

"하라면 하지 무슨 말이 그리 많나."

"영어 쓰지 말고 한국말로 해."

"네가 알면 얼마나 아냐?"

"자네는 왜 맨날 이 모양이야."

"초등학생도 그 정도는 알겠다."

"우리 딸이 초딩 3학년인데 미스 김보다 월등하게 낫다."

"너는 어디 가서 우리 회사 다닌다고 말하지 마."

“그걸 머리라고 달고 다니냐. 아예 잘라버려라.”

“너는 하는 일이 뭐냐?”

“지금까지 뭘 했나?”

“병신같이, 지랄하고 자빠졌네.”

“이전 부서에서는 그렇게 했나?”

“집에 가 있어. 내가 봉급 부쳐 줄게.”

심하다 못해 악이 받쳐 오르는 말들이다.

어느 사원은 발표하면서 눈물을 흘린 적이 있었다. 70명의 동료들 앞에서 발표하는 자리였다. 휴식 시간에 조용히 따로 불러 사유를 물어봤다. 6개월 전에 직속 상사인 S대리가 “우리 딸이 초딩 3학년인데 너보다 월등하게 잘한다.”는 말이 생각나서 감정을 주체할 수 없었다고 고백했다. 그 이유는 보고서에 틀린 글자가 하나 있었기 때문이었다. 그러면서 그 사원은 “S대리의 딸이 얼마나 잘되는지 끝까지 두고 보겠다.”고 말을 덧붙였다.

무시는 또 다른 무시를 낳는다. 또 다른 무시는 더 증폭되기도 하고 예리한 칼날이 되어 다시 돌아오기도 한다. 외국인 회사 직원들은 일이 힘들어 퇴직한다고 하는데 우리나라는 사람들이 힘들게 해서 회사를 떠난다는 직장인이 많다. 회사 보고 입사하고 상사 보고 떠난다는 말이 실감난다.

K전자 인사부 S사원은 입사 후 처음으로 헤어스타일을 바꾸었다. 주변의 동료로부터 '잘 어울린다.'는 칭찬을 들었다. 기분이 너무 좋았고 하는 일마저 잘되는 느낌이었다. 자주 거울을 보았고, 그때마다 기분이 좋아졌다. 마침 회의실에서 회의를 마치고 나오는 인사부장과 마주쳤다. 환한 미소로 "안녕하세요. 부장님!" 하고 인사를 한 S사원은 부장으로부터 청천벽력같은 얘기를 들었다.

"○○씨, 언제 지붕 개량했어?"

S사원은 속상해서 남몰래 눈물을 흘렸다. 존경했던 상사로부터 마음의 상처와 무시를 당한 것이다.

탕비실에서 배신감과 서러움의 눈물이 범벅되어 있는 S사원을 본 노조위원장이 사유를 듣고 이 사건을 노사협의회 안건으로 상정했다. 사용자 위원과 마주앉은 노조위원장은 개회 선언이 끝나기가 무섭게 사장에게 건의했다.

"사장님! 관리자 언어 순화운동을 먼저 안건으로 상정하겠습니다."

"위원장! 회의 안건은 생산현황, 손익, 환경안전, 교육훈련 등의 순서로 되어 있지 않습니까?"

"예! 그러나 오늘만은 언어 순화운동을 먼저 처리하지 않으면 다른 안건을 심의할 수 없습니다."

“그럼 언어 순화운동이 도대체 무엇입니까?”

“예, 사장님! 지붕개량 사건입니다.”

“어느 공장의 지붕개량입니까?”

노조위원장은 S사원의 ‘지붕개량 사건’에 대해 자초지종을 설명했다. 사장은 노발대발하여 인사부장을 불러 호통치고 S사원에게 당장 사과하라고 지시하였다.

사과 후 노사협의회는 속개되었다. 노사협의를 마친 후 ‘지붕개량 사건’은 일파만파로 현장으로 퍼져나갔다. 평소 노조위원장과 사이가 좋지 않았던 인사부장이라 노조에서도 적극적으로 성토하기 시작했다. 인사부장이 머리 깎고 출근하는 날은 어김없이 등 뒤에서 ‘지붕개량 가네!’라고 놀려대는 노조 대위원이 있었다. 바쁘게 출근하는 시간대라 누군지 알 수 없었다. 인사부장은 스트레스와 죄책감에 시달리다가 제2공장으로 전보 발령을 원했다. 그러나 제2공장에서도 오래 근무하지 못하고 퇴직하고 말았다. ‘지붕개량 사건’이 부메랑이 되어 결국 회사까지 그만두게 된 경우다.

톨스토이는 “사람은 때때로 남의 결점을 파헤침으로써 자신의 존재를 돋보이려고 한다. 그러나 그렇게 함으로써 자신의 결점을 드러내는 것이다. 사람은 총명하고 선량할수록 남의 좋은 점을 발견한다. 그러나 어리석고 짓궂으면 그럴수록 남의 결점을 찾는다.”고 말했다.

힐난해 보아라. 그러면 당신을 끝까지 믿지 않게 될 것이다.

비난해 보아라. 그러면 당신을 절대로 좋아하지 않게 될 것이다.

무시해 보아라. 그러면 당신을 용서하지 않고 증오할 것이다.

칭찬해 보아라. 그러면 당신을 항상 찾게 될 것이다.

자부심과 존중 그리고 각자가 지닌 독특한 개성을 인정하고, 그 개성의 소중함을 일깨워 줄 말을 찾으면 무수히 많다.

“자네가 적임자야.”

“힘들지? 열심히 해.”

“자네만 믿네.”

“수고했어.”

“기대되는구먼.”

“계속 추진해봐.”

“좀 쉬었다 하지.”

“자네는 이 팀의 핵심이야.”

“자, 우리 같이 해보자.”

“그 분야는 자네가 최고야!”

“내가 오늘 쏠게.”

“자네는 팀장감이야.”

　　　　　　　　　　　　　배짱이 곧 실력이다

“괜찮아! 내가 책임지지.”

“자네는 장점이 많아.”

“최선을 다하는 모습이 보기 좋구먼.”

필자가 인사부장으로 재직할 때 L화학에서 승진 부임해온 J상무와 사사건건 마찰이 많았다.

필자와 자주 부딪힌 이유는 J상무가 전직회사의 예를 들어 설명하면서 필요 이상 화를 잘 내기 때문이었다. 하루는 인사관리과장이 결재를 받기 위해 J상무에게 서류를 올렸을 때 일이다.

“내가 있던 L화학에서는 이렇게 하지 않았어. L화학에 가서 결재 받는 방법을 배워서 다시 결재 올려.” 하면서 퇴짜를 놓으니 과장들이 볼멘소리를 하곤 했다.

하는 수 없이 평소 안면이 있는 L화학 H부장에게 전화했더니 “J상무는 다혈질이고 성격이 급하니 알아서 처신하게나. 결재 받는 요령은 없어. 신임 상무로서 아마 군기 잡으려고 그러겠지.”라는 말이 되돌아오는 게 아닌가.

하는 수 없이 밀린 결재서류를 몽땅 가지고 J상무실로 들어가 “상무님 결재하지 않을 때는 사유를 적시하거나 지적을 해야지 무작정 퇴짜를 놓으면 어떻게 합니까?”라고 항변했다. 그리고 한마디 덧붙였다.

"J상무님은 L화학 상무님입니까? 저희 회사 상무님입니까? 저희 회사 기준으로 업무처리를 해주십시오. 그렇게 L화학이 그리우시면 다시 복귀하시든가요."

이 사건으로 신임 상무와 인사부장의 첫 대면이 견원지간이 되는 시발점이 되었다.

이젠 J상무가 퇴직할 때까지 괴로운 고행이 시작되었음은 불을 보듯 뻔한 일이었다.

J상무는 얼마 있지 않아 재경과 기획업무를 담당하는 임원으로 전보 발령났다. 그때의 기분은 마치 썩은 어금니가 쏙 빠진 것처럼 시원했다. 그러나 기획 재경상무로 발령받고서도 지나치게 인사 업무에 사사건건 개입했다.

승진 심사할 때도 H사장을 등에 업고 재경, 기획부서 직원 중심으로 승진시키는 편파주의로 일관했다. 그 일로 인해 더 이상 인사부장 직에 앉아 있는 것이 좌불안석이었다.

그 후 H사장의 무능함과 J상무의 전횡에 항의를 하고 사표를 던졌다. 퇴직 후 H사장과 J상무는 내 인생에서 다시는 기억하고 싶지 않은 사람으로 각인되었다. 술 한잔할 때는 굳이 안주가 별로 필요하지 않았다. 왜냐하면 그들이 안주감이었기 때문이다.

L건설 전 직원을 1박2일 강의할 기회가 있었다.

2일차 강의를 마무리하고 컴퓨터 가방을 정리하는데 수강자 중 한 사람이 다가오더니 질문을 했다.

"강사님, 드릴 말씀이 있습니다. 혹시 J상무님을 아십니까?"

나는 평소 안줏감으로 생각하던 사람의 애기가 나오자 반사적으로 수강자에게 물었다.

"자네 그 인간을 어떻게 아는가?"

다시는 내 인생에서 기억하기도 싫은 인물이 아니었던가!

대답하지 않고 머뭇거리는 수강자에게 또 다시 물었다.

"그 인간 어떻게 아느냐고?"

"예⋯⋯. 저의 아버지입니다"

아뿔사! 실수를 해도 너무 큰 실수를 하고 말았다.

명찰을 자세히 보니 J○○대리가 아닌가? 명찰을 먼저 봤더라도 감을 차렸을 텐데. 감정이 이성을 앞지르고 말았다.

백배사죄하면서 자초지종을 물었더니 "강사님 이력을 보고 아버지와 같은 회사에 재직 하신 것 같아 얘기했더니, 명함을 주시면서 정중하게 인사 올리고 안부 전해 달라고 해서 물어봤습니다."라고 하는 것이 아닌가.

입이 열 개라도 할 말이 없었다. J대리에게 굳이 변명한 것은 재직 당시 당신의 부친과 좋지 않았던 감정이 폭발한 것이니 이해해 달라고 다시 사죄했다. 그날 이후 예정된 L건설 강의는 할 수가 없었다.

남과 이야기하는 것은 하프를 연주하는 것과 같다. 현을 하나 켜는 일도 중요하지만, 현을 하나 누르고 그 진동을 억제하는 것도, 그에 못지않게 대단한 기술을 요한다.

하고 싶은 말이 있을 땐, 말하기 전에 다시 한 번 생각해 보라. 자신이 냉정하고 선량하며 사려 깊은 사람이라고 확신한다면, 하프의 현을 켜듯이 얘기하라. 그러나 냉정을 잃고 마음이 혼란스럽다면, 말 때문에 상처를 주는 일이 없도록 현의 진동을 억제하듯이 참아라.

가혹하고 부정적 뜻이 담긴 말들도 피하라. 언어란 사고의 토대이고 사고는 감정의 영역이고 감정은 태도로 돌변한다. 그러므로 올바른 말을 골라 쓰면 상황에 따른 상대방의 지항을 실질적으로 김소시킬 수 있다.

무시는 상대를 핍박하게 만들고 감정을 혼란스럽게 하여 정신건강에 나쁜 영향을 준다. 다른 사람을 '얕보지 말라'는 것은 인간 그대로 보라는 뜻이다. 무시는 또 다른 무시를 낳는다.

무시 받은 부정적 감정은 마음계좌에 차곡차곡 쌓이고 있다가 자기도 모르게 인출이 된다. 부정적 감정계좌를 긍정적 계좌로 바꿔서 입금해야만 부도가 나지 않는다는 것을 너무 늦게 깨우친 하루였다. 이젠 잠들기 전 명상한다. 오늘도 좋은 일보다 부정적 사고와 행동으로 갈등한 경우가 많다. 어깨를 스치면서 쳐다보는 불쾌한 표정, 막무가내로 끼어드는 아줌마, 의견충돌과 감정격화로 인신공격하는 일들, 의견대립으로 삿대질하는 장면들을 연상하면 불쾌지수가 올라간다.

"오늘도 어김없이 좋은 일보다 불쾌한 일이 더 많구나. 그들은 왜 그럴까? 아마 내가 모르는 그들만의 이유가 있겠지? 이해하고 수용하자."라고 긍정계좌에 쌓아두고 잠을 잔다. 아침이 개운하다. 정신건강에 좋다.

말은 생각을 나타내지만, 생각을 규정하기도 한다

말하기 좋다 하고 남의 말을 말을 것이

남의 말 내 하면 남도 내 말 하는 것이

말로써 말 많으니 말 말을까 하노라.

'말로써 말 많으니 말 말을까 하노라'의 옛시조는 말을 할 때 상대를 배려하고 상처주지 말며 신중하게 전달하라는 의미일 것이다. 우리가 일상생활에서 전달하는 말은 자신의 생각과 경험에서 어우러져 나온다. 그래서 내 마음속에는 그동안 쌓아두었던 말의 서랍이 있다. 생활에서 얻어진 경험, 부모로부터 강요된 행동과 습관, 비즈니스에서 네트워크된 관계, 타인과의 갈등, 애증의 고민 등 다양한 정보들이 인공지능화되어 서랍에 쌓여서 굳어버린다. 그래서 우리는 내 말의 서랍을 벗어나서 타인의 서랍을 잘 인정하지 않는다. 심지어 상대의 입장과 가치관까지도 몽땅 내 서랍에 강제로 섞어 넣으려고 한다. 말이 말을 낳고 말로써 말이 많아지는 까닭이 여기에 있다.

《적극적 사고방식》의 저자 노만 빈센트 필(Norman Vincent Peale)은 한 인기 코미디언과 함께 텔레비전 프로에 출연한 적이 있다. 그 코미디언은 재치 있는 입담으로 대중들에게 큰 인기를 얻고 있는 사람이다. 필은 함께 대기실에 앉아 있던 코미디언은 긴장된 표정으로 방송 준비를 하고 있는 필에게 다가와 "많이 긴장하신 것 같군요, 떨리세요?"라며 말을 걸어왔다.

필은 "네, 좀 그렇습니다. 저는 여러 사람 앞에서 말을 할 때면 저절로 긴장이 되고 냉정을 잃게 됩니다. 왜냐하면 제 말을 듣는 사람을 매우 존중하기 때문입니다. 저는 특히, 텔레비전 출연일 경우엔 많은 대중이 듣기 때문에 그만큼 책임감이 더 느껴집니다. 당신은 그렇게 생각하지 않습니까?"라고 코미디언에게도 되물었다.

"왜들 그렇게 생각합니까? 시청자들은 무슨 말을 해도 호응을 잘해요. 말하자면 바보 중의 바보가 바로 시청자들 아닌가요?" 코미디언이 필에게 답답하다는 듯이 말했다.

"전 그렇게 생각하지 않습니다. 시청자들은 절대적인 권한을 쥐고 있는 심사위원이죠. 그래서 저는 그들을 두려워하고 그들 앞에서 설 때면 저절로 긴장이 됩니다."

그런 일이 있은 후 필은 그 코미디언이 인기도 없어지고 수입도 줄어 매우 고생을 하고 있다는 기사를 읽었다. 기사를 보자마자 필은 그 이유를 직감적으로 알 수 있었다. 시청자들을 감동시키기 위해 노력하지도 않고, 자기의 말이 미칠 영향도 생각하지 않은 채 그들을 바보로 알고 무시한 태도가 결국 시청자들의 외면을 초래한 것이다. 말은 자신의 생각을 담는 그릇이다. 말은 자신의 인격을 담는 도구로써 사람을 알려면 그가 쓰는 언어습관을 보면 알 수 있다.

현대인들은 소통의 도구는 옛날보다 많아졌는데 오히려 소통은 잘 안 된다고 한다. 소통은 우리 몸의 핏줄과 같다. 핏줄 속의 혈액이 순환되지 않는다면 동맥경화가 온다. 반신불수이거나 중풍을 맞을 수 있다. 그래서 선인들은 '말 한마디에 천 냥 빚을 갚는다.' '세 치 혀끝에 사람 목숨이 왔다 갔다 한다.' '말이란 내 입안에 있을 때 내 말이지 입 밖으로 나오면 여덟 폭 치마로도 덮을 수 없다.' '칼에 베인 상처는 시간이 지나면 치유될 수 있지만 세 치 혀에 베인 상처는 좀처럼 아물지 않는다.'고 하지 않았던가. 뱉는다고 다 말이 아니니 조심하라는 얘기다.

말을 잘하는 것보다 다양한 생각을 인정하는 포용력과 상대의 마음을 얻는 소통 기술이 중요한 시대다. 소통을 집의 구조에 비유한다면 주춧돌이나 다름없다. 주춧돌이 빈약하면 기둥이 지탱할 수 없으며 결국 집이 무너지는 결과를 초래한다. 아무리 기둥이 튼튼하고 양질의 나무로 만들었다고 하더라도 부실한 주춧돌에는 견딜 수 없다. 화려한 지붕을 얹었다고 해도 사상누각이나 다름없다. 훌륭한 스펙과

입담 좋은 K국회의원이 술좌석에서 여성 아나운서를 비하하는 말을 해서 망신살을 당했다. 차기 국회의원에 출마하였으나 낙선하고 말았다. 하수구 같은 발언을 달고 사는 K씨는 국회의원 당선이 예상되었으나 과거의 저질발언이 SNS을 타고 폭로되자 중도 포기하고 말았다. 국회의원에 당선되기 위해 반성하고 자숙하겠다던 K씨는 출마포기 후 반성의 기미를 보이지 않고 오히려 더 시궁창 같은 막말을 확대 재생산하고 있다. 또 잘나가던 방송인 K씨도 앞뒤 생각하지도 않고 후안무치한 입으로 정신대 할머니를 창녀에 비유하여 70년 한을 다시 도려내는 깊은 상처를 주었다. 결국 그도 방송에서 자진 하차했다가 반성하고 다시 활동 중이다. 성품도 중요하지만 후천적으로 쌓은 품성의 서랍이 텅 빈 깡통일 때 요란하다. 구업(口業)은 본인으로 끝나지 않음을 알아야 한다.

언젠가 물방울 다이아몬드만을 훔쳐 세상을 놀라게 한 큰 도둑 J씨는 초등학교 시절에 아픈 상처를 받았다. 담임으로부터 "이 새끼야! 돈도 없으면서 학교에는 왜 나와?"라는 말을 들은 것이다. 그때부터 J씨의 마음에 악마의 씨가 잉태되었다고 한다. 이 대도를 붙잡기 위해 투입된 경찰 등 사회적 비용이 얼마인가? 그는 "나 같은 사람이 다시는 태어나지 않도록 조그만 관심을 가졌더라면 이런 일이 일어나지 않을 텐데."라고 말하기도 했다.

말을 아프게 하지 말자. 말을 꺾어 버리거나, 말의 생채기를 내거나, 비틀거나, 뭉개 놓거나, 분질러 버리지 않고도 상대방을 설득할 수 있다. 말에도 향기와 악취가 있다. 상대를 아프게 하고 마음의 상처를 주는 말은 악취가 진동한다. 악취의 바이러스에 감염되지 않기 위해 사람들은 마스크를 쓰고 그런 사람을 멀리할 것이다.

실제로 역사의 한 페이지를 장식한 위대한 리더의 말은 분열 대신 단합, 좌절 대신 도전하는 용기를 줌으로써 희망이 되고 비전이 됐다. 물론 사회적으로 존경받는 이들의 공통점도 양질의 소통을 몸소 실천한다. 리더의 말은 팀을 이끄는 마차나 다름없다. 목표를 달성하기 위해서는 팀원 간에 원활한 소통이야말로 역할의식을 높이고 협력 체제를 구축하는 지름길이다. 더구나 막말은 말의 격을 떨어뜨린다. 주변 사람에게 악성 바이러스를 퍼뜨린다.

모든 사람들에게는 누구에게나 규제받지 않고 공짜로 주어지는 것이 두 개 있다. 하나는 시간이요, 또 하나는 말이다. 누구에게나 똑같이 주어지는 시간을 어떻게 관리하느냐에 따라서 그 사람의 인생이 달라지듯이, 말을 어떻게 하느냐에 따라서 그 사람의 생각과 언행이 달라진다. 한국노랫말연구회에서는 "슬픈 노래를 부른 가수들은 일찍 죽거나 슬픈 운명의 길을 걷는다."라는 사실을 발표하기도 했다. 밝은 곡조의 노래를 불러라. 우리들 마음의 파장이 기쁜 곡조를 연주한다면 기쁜 일이 모여올 것이고, 공포와 슬픔의 곡조를 연주한다면 슬퍼하고 두려워해야 할 일이 일어날 것이다.

우주에는 여러 가지 종류의 마음 파장이 표류하고 있다가, 자신에게 맞는 파장이 실려 올 것이다.

잠시 걸음을 멈추고 자신의 마음의 파장이 어떤 곡조를 연주하고 있는가를 되돌아보는 것도 좋다. 그리고 그것이 어두운 곡조라면 밝은 곡조의 파장으로 바꾸는 것이 좋다. 마음이 슬픈 노래를 부르지 말라. 마음이 기쁜 노래를 불러라.

평소 하는 말을 잘 들어보면 그 사람이 어떤 삶의 과정을 살아온 사람인지, 어떤 가치관을 가지고 행동하는지 대략 알 수 있다. 어떤 용어를 쓰는가? 그리고 말 끝마다 후렴처럼 붙는 단어는 무엇인가를 관찰하면 그 사람의 삶과 행동을 파악할 수 있다.

"성공한 다른 사람도 많은데, 왜 나만 실패했을까?"처럼 자존감을 해치는 말인지.

"아이고 못해 먹겠어." 하는 소리가 많은 편이지.

"젠장 더러워서." 하고 욕이 붙어 나오는지.

"자네가 무얼 알아." 하면서 상대를 업신여기는 말이 많은지.

"음, 가능성 있어." 희망을 끈을 놓지 않는 말인지.

"해 볼만 해." 도전정신이 있는 말인지.

“이번 일만 실패했을 뿐이다.”처럼 내 인생의 다른 면까지 다 실패한 것은 아님을 인정하는 말인지.

“조금만 노력하면 성공하겠어.” 등 격려와 용기를 북돋우는 말이 많은지에 따라 평가된다.

왼손잡이와 오른손잡이가 있듯이 우리의 마음도 ‘마음잡이’가 있다고 생각해 보자.

‘긍정의 마음잡이’와 ‘부정의 마음잡이’가 있다고 할 때 ‘부정의 마음잡이’는 자신을 비난하고 더 깊은 수렁으로 몰아넣을 뿐이다.

우리는 체중이 늘면 치밀한 다이어트 계획을 세워 사생결단하고 실천한다. 말에도 다이어트가 필요하다. 바로 멘탈 다이어트(Mental diet)다!

말에도 향기와 보석이 있다고 했다. 스위스 속담에 말은 꿀벌과 같아서 꿀과 침을 동시에 가졌다는 말이 있다. 단 한마디의 말로 꿀처럼 달고 건강한 지식인도 되고 때로는 독이 묻은 침처럼 타인에게 피해 주는 사람이 될 수 있다. 말은 이처럼 우리를 행복하게 만들기도 하고 불행하게 만들기도 한다. 아무리 큰 다이아몬드라도 지하에 묻혀 있다면 가치가 없다. 캐내어서 갈고 닦아야 빛을 발하듯, 말도 갈고 닦고 다듬으면 보석처럼 빛나는 예술이 된다. 심리학에서 이르는 자기 충족적 예언(Self-fulfilling prophecy), 피그말리온 효과(pygmalion effect), 위약 효과(placebo effect)도 그와 관련된다. 말을 길게 발음하면 ‘마~알’로 발음된다. '마~알'을 다시 풀이하면 '마음의 알맹이'가 아닐까? 말의 격은 그동안 자신의 서랍에 쌓아 놓았던 '마음의 알맹이'로부터 나온다.

OK목장의 결투장이 된
추어탕 집 이야기

도쿄에서 신칸센을 탔다. 승객들 꾸벅꾸벅 조는 사람이 많았고 일부는 독서 삼매경에 빠졌으나 나는 차창 쪽으로 고개를 돌려서 풍경을 찍느라 정신이 없었다.

바로 그때, "후지산이다. 후지산!" 하는 어린아이의 높은 외침이 열차 안을 꽉 채웠다. 그때까지 졸고 있던 많은 승객들이 깜짝 놀라 깨더니 눈이 휘둥그레졌다. 단잠에서 깬 승객들이 일제히 소리 나는 쪽을 쳐다보았다.

바로 그때 소리친 아이의 어머니가 재빠르게 아이의 손을 잡고는 통로 가운데로 걸어오면서 좌우 승객들을 향해 "스미마셍." 하면서 사과하는 것이 아닌가?

처음에는 아이가 어머니 손에 끌려 다니면서 멀뚱멀뚱한 표정을 지었는데 어머니가 거듭 사과하는 모습을 보고 똑같이 따라하는 것이었다. 자녀는 부모의 등 뒤에서 배우는 것이다.

우리나라에서는 열차 안에서 소리치는 것쯤은 흔히 볼 수 있는 일이 아닌가. 더구나 어른들이 더 심하게 떠들거나 전화하는 모습도 심심찮게 보인다. 아이들 떠드는 것을 말리다 어른 싸움 하는 일도 종종 있다. 시끄러운 KTX에 익숙한 나는 "두 사람이 내가 앉아 있는 자리까지 오지 않았으면 좋겠다."는 생각이 들었다. 그러나 아이의 어머니는 마지막 좌석까지 걸어가면서 연신 고개를 숙이며 사과를 했다. 나는 겸연쩍은 표정으로 미소를 지었다. 어머니의 실천하는 모습에서 아이는 배려와 예절을 배우고 있었다.

오사카 F호텔에 투숙한 다음날 아침 엘리베이터를 타고 1층으로 내려가는 중에 5층에서 잠시 멈췄다. 엘리베이터 안은 만원이어서 더 이상 탈 수 없었다. 문이 열리자 교복을 입은 여고생 다섯 명이 더 탈 수 없음을 알고 잠시 머뭇거리다가 목례하면서 이구동성으로 "스미마셍." 하는 것이 아닌가? 어떤 의미인가? 잘 내려가는 엘리베이터를 저희들 때문에 잠시 멈추게 돼서 죄송하다는 의미가 아닐까?

우리나라에서 만원이 된 엘리베이터를 타고 내려오다가 중간층에서 멈추면, 승차하려고 기다리고 있던 사람들은 대부분 딴청을 부리거나, 눈도 마주치지 않는다. 물론 목례도 당연히 없다. 어떤 사람은 시계를 보는 척하면서 눈을 피하기도 한다. 무슨 큰 죄를 지은 철창 속의 사람을 보듯 째려보는 이상한 사람도 있다. 그래서 엘리베이터에 안에 있는 사람들은 빨리 문이 닫히기를 기다리지만 시간이 길게 느껴진다. 간혹 혼자 중얼거리는 소리가 더 기분 나쁘게 들리는 경우도 있다. 엘리베이터 쪽을 아래위로 쭉 훑어보면서 이렇게 말할 때도 있다.

"뭐야, 많이도 탔구먼."

"에이~ 걸어갈까."

"점심시간도 아닌데 뭔 사람이 이렇게 많아? 에이."

"다음 거 기다리자."

"올라가는 것 타고 다시 내려오자." 등.

우리나라에서 목례하는 경우를 한 번도 본 적이 없다가 일본 여고 생들에게 목례를 받은 나로서는 망치로 뒤통수를 한 대 얻어맞은 기분이 들었다. 그 이후엔 나도 몸소 실천한다.

평소 친하게 지내는 아래층 부부와 함께 가까운 추어탕 집에서 식사하기로 약속했다. 시끄러운 홀보다는 조용한 방을 선택했다. 마침 중간 테이블이 비어 있어 그곳에 앉았다.

테이블 오른쪽에는 두 돌도 안 된 어린아이와 함께 젊은 부부가 자리를 잡았고, 왼쪽에는 건장한 청년 네 사람이 앉아 있었다.

부부가 데리고 온 아이가 좀 극성스러운지 왼쪽에 있는 손님의 테이블에 가서 수저를 가지고 장난치기 시작했다. 청년 중 한 사람이 "아이 좀 데려가세요." 하고 소리쳤다.

식사하던 부부가 얼른 아이를 낚아채듯이 데리고 갔다.

그때 우리가 주문한 추어탕 네 그릇이 테이블에 차려졌다.

     배짱이 곧 실력이다

추어탕 맛을 보려고 하는 순간 갑자기 어린아이가 "아~앙." 하고 자지려지게 울기 시작했다. 오른쪽 부부가 식사하는 사이에 아이가 또 왼쪽 테이블에 가서 수저를 가지고 장난을 친 것이었다. 이번에는 청년들이 험상궂은 얼굴로 아이를 노려봤고 그에 아이가 놀라서 운 것이다.

아이 아빠가 "왜 애를 울리느냐?"고 항의하자, 청년들이 목소리를 높였다.

"낳기만 하면 부모인가? 낳았으면 관리를 잘해야 할 것 아니에요?"

이 말이 원인이 되어 청년 네 명과 아이 아빠 간에 싸움이 벌어진 것이다. 삽시간에 추어탕집이 험악한 공포 분위기에 휩싸였다.

양쪽에서 주고받는 욕설과 삿대질이 시간이 갈수록 심해졌다. 우리는 가운데에서 추어탕을 먹지도 못하고 냄새만 맡으면서 눈치를 보고 있었다.

수에서 밀린 아이 아빠가 이번에는 흉기를 들고 싸우기 시작했다. 그야말로 추어탕 집이 삽시간에 OK목장의 결투장이 된 것이다.

우리 네 사람은 공포 분위기 속에서 숨죽이고 있었다. 조금 있으니까 경찰들이 와서 싸운 사람들에게 지구대로 임의 동행할 것을 요구했다. 추어탕집 주인이 재빠르게 지구대에 신고를 한 것이다. 문제는 더 꼬이고 복잡해졌다. 이해 당사자를 제외한 제3자가 증인이 되어야 한다면서 나를 굳이 지구대로 동행해서 상황을 설명해 달라고 부탁하는 것이다. 결국 추어탕을 한 숟가락도 뜨지 못하고 지구대에 가서 진술서 작성의 증인 역할을 톡톡히 한 씁쓸한 하루가 되고 말았다. 어~휴 젠장.

일본과 우리나라의 예절과 배려를 비교하고자 쓴 글은 결코 아니다. 어느 나라든 그 나라의 독특한 문화와 예절이 있다. 좋은 문화는 받아들여 우리식으로 발전시켜야 한다. 체험사례를 쓴 이유는 나 자신이 타인에 대해 배려해야 함을 항상 느끼기 때문이다. 길거리에서 어깨가 부딪쳐도 사과 한번 안 할 때, 대중교통에서 다리 꼬기, 쩍벌남의 좌석 차지, 지하철과 비행기에서 신문 펼쳐보기 등은 꼴불견이라 말하기 전에 기본이 안 된 예절이다. 사소한 것부터 상대에 대한 배려를 실천하는 것이 필요한 대목이다.

아담한 집을 수리하는 사람이 있었다. 마지막으로 페인팅 작업만 남았다. 집의 앞면과 옆면의 색깔은 부인과 애들이 좋아하는 연한 핑크색으로 단장하였다. 집주인은 집의 앞면과 옆면은 자주 볼 수 있지만 집의 뒤쪽은 거의 보지 않는다. 집주인은 뒷집 주인에게 가서 물었다.

"저는 저희 집 뒤쪽을 자주 볼 수 없으나 당신은 창문만 열면 항상 저희 집 뒤쪽을 보게 되니 당신이 좋아하는 색깔로 칠하고 싶습니다. 어떤 색깔을 좋아하십니까?"

"이왕이면 연한 초록색으로 칠해 주시면 고맙겠습니다. 배려에 감사합니다."

미국 인디애나 주의 한 초등학교에 다니던 짐이라는 학생이 뇌종양에 걸렸는데 병원에 입원해 방사선 치료를 받는 과정에서 머리카락이 다 빠졌다.

다행히 치료 경과가 좋아서 퇴원하게 되었고, 선생님에게도 연락이 갔다. 선생님이 종례 시간에 같은 반 학생들에게 그 사실을 알려주었다.

"애들아! 내일 짐이 우리 곁으로 돌아온다. 많이 위로해주길 바란다."

수업이 끝났으나 아무도 가지 않았다. 조금 후에 학생들 사이에 토론이 벌어졌다.

"어떻게 짐을 위로할까?"

한 학생이 우리 모두 짐처럼 내일까지 머리카락을 깎고 오자고 했다.

다음날 아침 짐이 등교해서 보니까 모든 남학생들이 빡빡머리를 하고 있었던 것이다.

서로 보고 웃었다. 그리고 그곳은 눈물바다가 되었다. 짐도 울었고, 선생님도 울었고, 반의 모든 학생들이 서로 껴안고 엉엉 울었다.

배려한다는 것은 상대방의 입장에서 마음을 읽는 것이다. 상대방의 마음이 될 때 서로 하나됨을 느낄 수 있다. 배려하지 않고 어떻게 행복이 있으며 어떻게 삶의 감동이 있을까?

배려야말로 우리의 삶을 더 더욱 풍성하게 하는 에너지의 원천이다. 남을 배려하면서 살아가는 삶이야말로 상대에 대한 관심이며 이웃에 대한 사랑이라고 생각한다.

앞을 못 보는 사람이 밤에 물동이를 머리에 이고 한손에는 등불을 들고 길을 걸었다. 그와 마주친 사람이 물었다.

"정말 어리석군요. 앞을 보지 못하면서 등불을 왜 들고 다니십니까?"

그가 말했다.

"당신이 나와 부딪히지 않게 하려고요. 이 등불은 나를 위한 것이 아니라 당신을 위한 것입니다."

어느 대학에서 대학교수를 한 명을 채용하면서 최종 후보를 두 사람으로 압축했다. 둘 다 외국의 명문대학에서 박사학위를 취득하고 외국기업에서 근무한 경력이 있는 인재들이었다.

마지막 면접만 남았다. A라는 사람으로 거의 기울고 있었다. 그러나 면접관 중에서 한 사람이 이의를 제기했다.

"아까 면접실에 오기 전에 복도에서 A박사가 공용 수돗가에서 물을 먹고 가래침을 뱉는 것을 봤습니다. 전문적 지식은 B보다 훌륭한지 몰라도 기본 인성이 부족합니다."

결국 B를 채용했다.

상대에게 좋은 인상을 주려면 멋과 맛과 짓이 좋아야한다. 이 세 글자에는 모두 시옷 받침이 있다. 시옷 받침의 'ㅅ'은 사람 '人'자 모양으로 모름지기 멋과 맛과 짓이 사람다워야 한다는 것이다. 기업은 브랜드로 평가되지만 사람의 브랜드는 상대에게 비치는 이미지로 평가받는다. 그 이미지는 3개의 알(R)을 품으면 된다. 사람들은 자신의 명예를 소중하게 생각하기 때문에 상처 받는 일이 없도록 상대를 존중해주고(Respect), 모든 사람이 서로 다름을 갖고 있으므로 상대를 알아주고(Recognition), 상대가 한 일에 대해 물질 또는 정신적으로 보상해주는(Reward) 것이다. 이렇게 실천하면 3개의 R은 다시 내게로 돌아온다. 거울이 먼저 웃는 법은 절대 없다. 내가 웃으면 거울도 나에게 웃어준다.

긍정의 사고로
디자인하라

어느 친구가 카네기에게 지금 너무 불행하고 문제가 많은 삶을 살고 있다고 투덜거리자 카네기는 이렇게 말했다.

"내가 전혀 문제가 없는 곳을 알고 있네."

카네기는 친구를 그곳으로 데리고 갔다.

"바로 여기가 문제가 없는 곳이네."

그러자 친구는 버럭 화를 냈다.

"자네, 지금 나를 놀리는 건가?"

카네기는 친구를 공동묘지로 안내한 것이다. 카네기가 말을 이었다.

"어이! 친구. 문제가 없는 삶은 없네. 문제를 받아들이는 자네의 태도가 문제네."

문제가 없는 삶이란 있을 수 없다. 사랑하는 사람과 헤어지는 아픔(愛別離苦)도 있고, 만나지 말아야할 사람과 만나는 아픔(怨憎會苦)도 있다. 돈 많으면 문제없이 행복한 삶을 살 것 같으면서 오히려 돈 때문에 형제간에 이전 투구하는 재벌이 있는가 하면, 돈만 많으면 무엇이든지 할 수 있을 것이라 생각하고 재산을 모은 부자가 건강 때문에 한 푼도 쓰지 못하고 세상을 하직하는 사람도 있다. 물질적 충족보다도 마음 고생하는 이가 있고, 가정은 있는데 가족 없는 삶을 사는 이도 많다. 이뿐만 아니라 인간관계, 사회, 국가, 인류와 환경 등 지구와 우주까지도 많은 문제에 쌓여 있다. 그래서 누군가 삶은 고행이며 헝클어진 실타래를 풀어 가는 과정이라 하지 않았던가.

삶의 문제를 회피, 거부하고 방치하는 자처럼 삶의 노예가 될 것인가? 부딪히면서 매듭을 풀어 나가는 역량의 소유자가 될 것인가? 싫든 좋든 두 가지 중 하나를 선택할 수밖에 없다. 교통사고의 원인을 살펴보면 졸음운전, 음주운전, 과속, 과적, 중앙선 침범, 휴대폰 사용, DMB시청 등 마음만 먹으면 사고를 줄일 수 있는 운전 습관과 태도가 있다. 또한 천재지변이나 도로 사정 등으로 내가 손을 쓸 수 없는 요인들도 있다. 삶의 문제도 천재지변처럼 '어떻게 할 수 없는 문제'가 있다. 또한 태도와 습관을 고치면 '어떻게 할 수 있는 문제'도 있다. 어떻게 할 수 없는 문제에 시간 투자를 하지 말자. 어떻게 할 수 있는 삶의 문제에 대한 역량을 키우자.

영국 황실 여객선인 브리태니커 호가 영국해협을 항해하는 도중 무엄하게도 정체불명의 불빛이 앞에 다가오고 있었다. 밤안개가 드리워져 다소 시야가 불투명하지만 왕족들의 망중한을 방해하는 불빛을 보고만 있을 수 없어 당황한 선장이 스피커를 들고 소리쳤다.

"비켜라! 여기는 거룩한 영국 황실의 브리태니커 호다. 길을 비켜라!"

그런데도 불빛은 아랑곳하지 않고 계속 다가오고 있었다. 마스터에서 선장이 다시 외쳤다.

"미쳤나? 안 들리는가? 여기는 영국 황족들이 타고 있는 브리태니커 호다. 길을 열지 못할까?"

그래도 그 배는 길을 비키지 않고 계속 다가오고 있었다.

"어서 비키지 못해! 어디서 감히!"

마침내 저쪽 불빛 쪽에서도 큰소리로 응답이 왔다.

"미친놈은 내가 아니라 바로 너다! 누구보고 감이 길을 비키라는 거냐! 여기는 등대다."

브리태니커 호는 어떻게 할 수 있는 것이고, 등대는 어떻게 할 수 없는 것이다. 길을 비켜야 할 대상이 누군가? 황실의 배라는 교만과 자만심으로 양보와 겸손을 모르는 무례한 브리태니커 호의 선원들이 영국에만 있는 것은 아니다.

"나는 돈이 없어서."

●출처 : 김정빈 ≪리더의 아침을 여는 책≫ 중에서

배짱이 곧 실력이다

“나는 능력이 안 돼서.”

“나는 배우자를 잘못 만나서.”

“나는 부모님이 가난해서.”

“나는 키가 작아서.”

“나는 얼굴이 못생겨서.”

“나는 가방 끈이 짧아서.” 등은 등대 보고 길을 비켜 달라고 하는 거나 마찬가지다.

이미 잃어버린 돈을 아까워한들, 가슴에 대못을 박고 떠난 자식을 한없이 그리워한들, 다시 돌아오지 않는다. 어떻게 할 수 없는 문제다. 오히려 더 열심히 일해서 돈을 벌어야 하며, 그 자식을 위해서라도 미래를 향해 전진해 나가야 한다. 환경은 등대처럼 탓을 해도 바뀌지 않는다. 오늘 이 시점에서 과거의 데이터는 어떻게 할 수 없는 데이터이다. 이것과 사생결단하고 어리석게 다툴 필요가 없다. 여기에 열정을 낭비한다는 것은 ‘어떻게 할 수 있는 것’의 시간을 파괴할 뿐이다. ‘어떻게 할 수 있는 것’은 미래에 대한 시간이다.

놀이터에 가면 시소가 있다.

동심의 세계로 돌아가서 어릴 때 시소를 타던 때를 생각해 보자.

시소는 어느 쪽이 조금이라도 무거우면 내려간다. 내려가지 않기 위해서는 뒤쪽으로 자리를 옮기면 된다. 그러나 상대도 그것을 안다. 이런 경우의 시소놀이는 재미없다. 시소놀이는 균형을 유지한 상태에서 서로 내리고 오르면 재미있다. 내가 내려가면 상대는 올라가야 재미가 있다. 시소(SISO)에는 또 다른 의미가 있다. 생각 속에 성공을 넣으면(Success In), 성공의 결과가 올라간다(Success Out). 마음의 밭에 '긍정'을 심으면 긍정적인 결과가 나오고 '부정'을 넣으면 부정적 결과를 낳는다.

눈이 많이 온 겨울, 외딴 산골 도로에서 버스가 고장이 났다. 이때 승객들은 어떤 반응을 하는 것이 바람직할까?

"정비를 어떻게 해서 이 모양이야?"

"무리하게 운전하더니 결국."

"가족들이 기다리고 있는데." "중요한 약속이 있는데."

"눈이 온다는 일기예보도 안 들었나?" 등으로 승객과 운전기사가 왜 이런 상황에 이르게 되었는지에 대해 장시간 서로 다투고만 있을 것인가? 아니면 버스를 움직이기 위해서 승객들의 재능과 자원들을 모으고 서로 아이디어를 짜내 협력하고 긍정적으로 반응하는 것이 좋을까?

당연히 고장의 원인을 찾아내 어떻게 해결할 것인지 긍정적으로 반응하는 것이 옳다.

예를 들어 상사에게서 "이 프로젝트에 대해 좀 더 신경을 쓰세요."라는 지시에 대해 A 사원은

"왜 나만 못살게 구는 거야. 나를 잡는구먼, 잡아. 자기 일은 잘 하지 못하면서, 윗사람이라고 꼭 한마디 뱉는다 말이야. 혼자 지치다 안 하겠지. 그냥 무시해 버리자."라고 말할 수 있다.

반대로 B 사원은

"이 프로젝트에서 나에게 기대하는 바가 크군. 좋은 성과를 내길 바라는 게 틀림없어. 그래 나를 항상 믿어주니 고맙군. 내가 이 업무를 가장 잘 할 수 있는 사람이라고 인정해주는 것 같아."라고 말했다.

어떤 태도가 바람직할까?

같은 말이라도 관점에 따라서 그 결과는 전혀 다르게 나타날 수 있다.

버스 고장과 직장 갈등 사례에서 사람마다 문제를 직면하고 대처하는데 관점의 차이를 볼 수 있다. 어떤 사람은 어디로 가든 서울로 가면 될 것 아니냐고 하지만 서울로 가는 길의 선택 과정도 매우 중요하다.

어느 날 남아메리카의 가난한 농부의 농장에 메뚜기가 습격했다.

농부는 미친 듯이 자신의 농장으로 뛰어가 메뚜기 떼를 쫓아내려고 했으나 아무 소용이 없었다. 메뚜기 떼는 모든 작물을 다 먹어 치운 다음 더 이상 먹을 것이 없자 그 자리에서 죽고 말았다. 불모의 땅위에 메뚜기 시체가 수북하게 쌓였다.

"다시는 농사를 짓지 않겠다."

“내년에 메뚜기 떼가 또 올 텐데.”

그러나 농부는 좌절하지 않고 이 문제에 대처하는 방법을 찾아냈다.

“그래. 메뚜기 떼를 거름으로 삼으면 비료를 주지 않아도 되는 구나.”

그는 재빨리 밖으로 나가 죽은 메뚜기 떼가 쌓여 있는 농장을 갈 아엎기 시작했다. 메뚜기 떼가 거름이 된 비옥한 토양은 결국 풍성한 수확물을 가져왔다.

1953년 한국전쟁이 끝나고 그해 추운 겨울, 갑자기 UN군 사령부 가 발칵 뒤집혔다. 미국의 아이젠하워 대통령 당선자가 부산을 방문하 기로 했다는 소식이 전해졌기 때문이었다. 일정 중에 UN군 묘지 참배 일정도 잡혀 있었다. 다급한 사령부로부터 긴급 연락이 왔다.

전쟁으로 산화한 참전용사들의 묘지에 잔디를 조성해 줄 수 있겠 느냐는 내용이었다. 앞으로 닷새 후에 대통령과 한국전에 참전한 세계 각국의 UN군 사절단들이 내한하기로 되어 있는데 그때 부산의 UN 군 묘지를 둘러본다는 내용이었다. 당시 UN군 묘지는 붉은 황토 흙에 묘비만 덩그러니 서 있을 뿐 나무 한그루, 풀 한 포기 없어 썰렁한 곳 이었는데, UN군 사령부 측은 그러한 모습을 세계 각국의 사절단에게 보이고 싶지 않았던 것이다. 그래서 UN군 묘지를 미관상 아름답게 보 일 수 있도록 잔디 공사를 해달라는 부탁이었다. 그러나 한겨울, 어디

    배짱이 곧 실력이다

에서 잔디를 구할 수 있단 말인가. 모든 건설회사는 잔디를 구할 수 없어 공사가 불가능하다고 했다. UN군 사령부 측은 바로 J사장에게 연락하여 이 일을 맡겼다. 물론 사령부 측도 한겨울에 잔디를 구하는 것은 터무니없이 힘들다는 것을 잘 알고 있었지만, 10만 명이나 되는 미군 병사들의 숙소를 불과 일주일 만에 뚝딱 해치우는 그의 솜씨를 보고 다시 기대를 걸어 보기로 한 것이다.

다른 건설업자는 불가능하다고 손사래를 친 공사를 J사장은 보자마자 계약을 했다. 계약 즉시 J사장은 낙동강변에서 새파랗게 자라는 보리를 사서 30대의 트럭으로 옮겼다. 그리하여 황토빛의 묘지를 닷새 만에 녹색바다로 만들었다. 보리 싹을 잘라낸 뒤 잔디처럼 조성한 것이었다. 싹을 잘라내니 서양인들은 보리와 잔디를 뚜렷하게 구분하기가 힘들었다. 유엔 사절단은 푸르게 조성된 묘지에 헌화한 후 돌아갔고, 미군은 만족한 것은 물론 놀라움을 금치 못해 Wonderful만 연발하였다. Wonderful good idea!! J회장은 당초 입찰금액의 3배의 공사비를 받았다. 그러나 더 중요한 것은 앞으로 발생되는 미8군 공사를 J사장이 모두 수주하게 되었다는 사실이다.

일본에서 경영의 신으로 일컬어지는 마쓰시타 고노스케는 90세 때 어느 인터뷰에서 '기업가로서 존경과 부를 함께 얻은 비결'을 묻자, 신이 주신 세 가지 은혜 덕분이라고 밝혔다.

"첫째, 집이 몹시 가난하였다. 가난했기 때문에 어릴 적부터 구두 닦이, 신문팔이를 하며 고생하는 사이에 세상을 살아가는 데 필요한 경험을 다양하게 쌓을 수 있었다.

둘째, 태어났을 때부터 몸이 몹시 허약했다. 그래서 항상 운동에 힘써왔기 때문에 늙어서도 건강하게 지낼 수 있었다.

셋째, 학교도 제대로 못 다녀 배움이 짧았다. 그래서 세상의 모든 사람을 다 스승으로 여기고 누구에게나 물어가며 열심히 배우는 일에 게을리하지 않았다."

신발을 만드는 두 회사가 있다. 두 회사는 해외로 눈을 돌려 판매원을 출장 보냈다. 아프리카 오지에 도착한 판매원은 시장조사 후 회사에 보고를 했다. A회사의 판매원은 '원주민은 모두 맨발임, 도저히 신발을 판매할 수 없음.'이라는 내용을 보고하였고, B회사의 판매원은 '원주민은 모두 맨발임, 신발 시장은 무궁무진함.'이라고 보고했다. 이 이야기는 맨발을 보는 관점의 차이를 보여준다. 그리고 관점의 차이에 따라 회사의 미래가 달라진다. 벤자민 프랭클린은 "인생의 진정한 비극은 우리가 충분한 강점을 갖고 있지 않는 데에 있지 않고, 오히려 갖고 있는 강점을 충분히 활용하지 못한다는 데에 있다."고 말했다. 낙관주의자는 장미에서 가시가 아니라 꽃을 보고, 비관주의자는 꽃은 망각하고 가시만 쳐다본다. 긍정의 전환이 필요한 대목이다. 겨울철에 대량의 잔디를 구할 수 없다면 잔디처럼 초록색 식물로 대체할 수 있는 식물은 없을까를 고민한 J사장은 긍정의 전환을 가능하게 했다. 겨울철에 파릇파릇한 초록색 식물이 있는가? 맥문동은 초록색이지만 구하기 어렵다. 쉽게 구할 수 있고 비용이 싼 식물은 무엇인가로 고민을 확장시켜 나간 것이다. 죽은 메뚜기를 보는 순간 부정적인 피해의식보다 피할 수 없는 상황에서 천연 비료로 과감하게 생각을 디자인한 사례와 같다. 맨발과 신발을 연결시킨 긍정의 관점도 마찬가지다.

신의 책상 위에는 이런 글이 쓰여 있다고 한다.

"네가 만일 어떻게 할 수 없어서 불행하다 말하고 다닌다면 불행이 정말 어떤 것인지 보여주겠다. 또한 네가 만일 어떻게 할 수 있어서 행복하다고 말하고 다닌다면 행복이 어떤 것인지 보여주겠다."

Part 3

자기창조를 위한
틀을 만들라

세심함이
성패를 좌우한다

G회장 비서실의 K실장은 회장의 특명을 받고 가든파티 계획서를 작성하였다. 작성한 초안을 직원에게 주면서 이렇게 말했다.

"회장님에게 결재를 받아야 하니까 깨끗이 정리하여 3부를 프린트 해줘."

"예."

한참 계획서를 정리하던 직원이 물었다.

"실장님! 이날 비오면 어떻게 하지요?"

"너는 꼭 재수 없는 이야기를 골라서 하냐? 일기 예보 들어보니 비 온다는 이야긴 하나도 없었어. 쓸데없는 소리 하지 말고 빨리 정리나 해!"

직원은 혼자서 중얼거리면서

"회장님이 중요하게 생각하는 가든파티인데 비오면 어쩌려고 그러지."

우려는 현실로 바뀌었다. 가든파티 날 아침, 가랑비가 내리기 시작했다. 사람들은 우왕좌왕했지만 대안이 없었다. 가든파티는 엉망진창이 되었고, 그 일로 K실장은 회사를 그만두게 되었다.

금을 생산 판매하는 L회사의 귀금속 영업부 P대리는 조간신문에 소련의 체르노빌 원전이 폭발했다는 기사를 보고 출근하자마자 직속 상사에게 건의를 했다.

"부장님! 회사가 보유한 금이 얼마나 됩니까?"

"음. 본사가 보유한 금과 공장에서 생산된 금을 포함하면 올해 제일 많이 스톡(Stock)되어 있을 거야. P대리 그건 왜 물어?"

"부장님! 회사가 보유한 금을 전량 매각하는 것이 좋겠습니다."

"P대리! 갑자기 금 매각이라니?"

"소련의 체르노빌 원전이 폭발했기 때문입니다."

"나도 아침 뉴스를 보았네. 그런데 체르노빌 원전 폭발과 금 매각이 어떤 상관관계가 있는가?"

"부장님! 체르노빌 원전 사고로 예상되는 피폭 범위가 반경 30Km 미터 이상 될 것입니다. 그렇다면 이 지역에 생산되는 곡물과 채소는 먹을 수가 없겠지요. 그 뿐만 아니라 인근 지역에 생산되는 모든 곡물류도 기피현상이 일어날 것입니다. 소련은 어쩔 수 없이 북남미나 아시아 지역에서 생산되는 곡물류를 수입할 수밖에 없지 않겠어요."

"으~음, 그럴 수도 있겠네만 금 매각과의 상관관계는 이해가 안 되네!"

"부장님! 소련이 국가 재정이 좋지 않습니다. 그래서 곡물류를 수입하기 위해서는 국책은행이 보유한 금을 매각할 수밖에 없습니다. 금이 일시에 LME(London Metal Exchange) 시장에서 매각되면 국제 금 시세가 하락할 것입니다. 하락하기 전에 회사가 보유한 금을 전부 매각하는 것이 좋겠습니다. 그리고 금 가격이 하락할 때 선물거래를 통해 금을 매입하는 것도 적극 검토해야겠습니다."

부장은 한참 뜸을 들이더니 곧 지시를 내렸습니다.

"우리 영업부가 수익을 낼 수 있는 좋은 기회가 왔군. P대리의 날카로운 분석 대단하구만. 경영진에게 보고하고 재가를 받아 오겠네. 그동안 자료를 더 수집하게."

"예! 부장님. 준비하겠습니다.

　　　　　　　　　　　　　

의기양양하게 영업부 임원들에게 보고를 끝내고 사장실에 최종 결재를 받으러 다녀온 부장의 얼굴이 일그러졌다.

"P대리! 포기해야겠네."

"부장님! 왜요?"

"사장님은 그럴리가 없다네. 그리고 외자부에서 반신반의하면서 지원을 하지 않네."

하지만 이후 국제 금 시세는 하락했다. 그리고 다시 얼마 후 시세는 다시 회복되었다. P대리의 예상이 적중했던 것이다. 그 일로 P대리는 입사 4년 만에 퇴직하고 다른 회사로 전직하였다.

캐나다의 통신업체가 계약서에 잘못 찍힌 쉼표 하나 때문에 예기치 못하게 213만 달러(약 20억 원)를 지불해야 할 지경에 처했다. 케이블 전화 서비스업체인 로저스 커뮤니케이션은 2002년 캐나다 뉴브런즈윅 주(州)의 전신주 9만1000개를 임차하면서 전신주 사용권 위탁업체인 알리안트와 계약서를 주고받았다.

그런데 영어로 된 계약서 14페이지에 '(계약은) 합의일로부터 5년간, 그리고 그 이후 5년간, 계약종료 1년 전까지 서면통지가 없는 한 유효하다'는 문장이 문제가 됐다.

두 번째 쉼표가 없었다면 계약은 10년간 유효했을 텐데, 쉼표가 들어감으로써 1차 5년이 지난 뒤 알리안트가 계약을 파기할 수 있다는 해석이 가능해진 것이다.

알리안트는 5년 기간이 끝나는 2007년 계약을 종료하고, 3배 오른 사용료를 조건으로 새 계약을 맺겠다고 통보했다. 당연히 10년은 임대보장을 받을 것으로 생각했던 로저스 입장에선 뒤통수를 맞는 듯한 얘기가 아닐 수 없었다. 새 계약시 213만 달러의 추가 부담을 지게 된 로저스 사는 언어학자까지 동원해서 쉼표가 어떤 의미도 지니지 않는다는 것을 증명하려 했다. 그러나 유권해석기관인 캐나다 방송통신위원회(CRTC)는 최근 "쉼표의 법칙에 근기해시 본다면 1차 5년 기간이 끝난 뒤 계약을 종료할 수 있다"며 알리안트의 손을 들어 줬다. 이 분쟁은 법조계에서 '텔레-코마(tele-comma)'란 별칭까지 얻어가며 유명한 연구 사례가 됐다. 캐나다와 미국의 몇몇 로스쿨(법과대학원)에선 법조문 작성 때 유의해야 할 사례로까지 연구되고 있다.

영광원전 5호기는 2002년 가동을 시작한 이후 지금까지 총 7차례 가동이 중단된 바 있다. 2011년 2월 16일 영광원자력본부와 영광원전 환경안전감시센터에 따르면 지난 4일 발생한 영광원전 5호기의 발전 정지 원인을 추적한 결과, 원자로 냉각재 펌프(ICP) 구동용 모터 안에서 약 30cm 길이의 '일(一)자' 드라이버가 발견됐다. 이 드라이버는 모터의 고정자와 회전자 코일 사이에서 발견됐으며 원전 측은 이 드라이버 끝 부분이 회전자 쪽 코일에 닿으면서 쇼크가 발생해 발전이 중단된 것으로 파악하고 있다. 결국 이 사고는 9년 전 빠뜨린 30cm 드라이버 때문에 영광원전 5호기를 멈추게 만든 것이다. 가동 중단으로 얻은 피해액만 약 25억 원에 달하는 것으로 예측된다.

사소한 실수는 항상 일어날 수 있다. 문제는 같은 실수를 반복했을 때다. 그럴 경우 더 이상 단순한 실수가 아니라 조직의 운명을 좌우할 치명적인 사고로 연결될 수 있기 때문이다. 따라서 사소한 실수라도 드러내어 고칠 수 있는 조직 문화를 만들고, 또한 이런 실수나 징후들을 파악해 즉각 대비할 수 있는 위험 관리자가 필요하다. 사소한 이상 징후라도 보고한 직원의 말을 경청하는 리더가 조직을 구하는 구세주가 될 것이다.

하인리히 법칙이 있다. 대형사고가 발생하기 전에 그와 관련된 수많은 경미한 사고와 징후들이 반드시 존재한다는 것을 밝힌 법칙이다.

1931년 허버트 윌리엄 하인리히(Herbert William Heinrich)가 펴낸《산업재해 예방 : 과학적 접근 Industrial Accident Prevention: A Scientific Approach》이라는 책에서 소개된 법칙이다. 이 책이 출간되었을 당시 하인리히는 미국의 트래블러스 보험사(Travelers Insurance Company)라는 회사의 엔지니어링 및 손실통제 부서에 근무하고 있었다. 업무 성격상 수많은 사고 통계를 접했던 하인리히는 산업재해 사례 분석을 통해 하나의 통계적 법칙을 발견하였다. 그것은 바로 산업재해가 발생하여 중상자가 1명 나오면 그 전에 같은 원인으로 발생한 경상자가 29명, 같은 원인으로 부상을 당할 잠재적 부상자가 300명 있었다는 사실이다. 하인리히 법칙은 1:29:300의 법칙이라고도 부른다. 즉, 큰 재해와 작은 재해 그리고 사소한 사고의 발생 비율이 1:29:300이라는 것이다.

큰 사고는 우연히 어느 순간 갑작스럽게 발생하는 것이 아니라 그 이전에 반드시 경미한 사고들이 반복되는 과정 속에서 발생한다는 것을 실증적으로 밝힌 법칙이다. 다시 말해, 큰 사고가 일어나기 전 일정 기간 동안 여러 번의 경고성 징후와 전조들이 있다는 사실을 입증한 것이다. 다시 말하면 큰 재해는 항상 사소한 것들을 방치할 때 발생할 수 있는 것이다.

사소한 문제가 발생하였을 때 이를 면밀히 살펴 그 원인을 파악하고 잘못된 점을 시정하면 대형 사고나 실패를 방지할 수 있지만, 징후가 있음에도 이를 무시하고 방치하면 돌이킬 수 없는 대형사고로 번질 수 있음을 경고한다.

누구나 한번쯤 어떤 일을 실행하고 난 다음 조금 더 세심하게 관찰하고 검토했더라면 더 좋은 성과가 있었을 텐데, 실수를 하지 않았을 텐데 하면서 후회해본 경험이 있을 것이다. 세심한 주의를 기울이는 습관 역시 부단한 노력을 통해 길러지는 것이다.

왕중추의 저서 《디테일의 힘》에서 세심함과 관찰의 중요성이 왜

  배짱이 곧 실력이다

필요한지를 잘 설명한 내용이 있다. 한 의과대학 교수가 강의 시간에 학생들에게 말했다.

"의사가 되기 위해서는 생명에 대한 경외감도 중요하지만 대담함과 세심함이 필요하네."

짧게 애기한 교수는 소변이 가득 담긴 컵에 손가락을 넣고 입으로 가져가서 빨았다.

그리고는 학생들에게 컵을 주고는 "내가 했던 것처럼 똑같이 해보라."고 말했다.

학생들은 교수가 했던 대로 똑같이 손가락을 컵에 깊숙이 넣고 입으로 가져가서 빨았다.

모두들 구토를 참느라고 일그러진 얼굴을 하고 말았다.

이 모습을 본 교수는 근엄한 표정으로 학생들에게 말했다.

"좋았어. 모두들 아주 대담해. 다만, 세심함이 부족한 것이 아쉽네. 내가 컵에 넣은 손가락은 검지 손가락이고 입속에 넣은 손가락은 중지 손가락이란 것을 알아차린 학생이 하나도 없는 걸 보면 말일세."

교수가 이런 행동을 한 본래의 의도는 연구를 할 때나 환자를 치료할 때 아주 작고 세심한 부분에도 주의를 기울어야 한다는 점을 학생들에게 알려주려는 것이었다. 소변 맛을 본 학생들은 두고두고 그 교훈을 잊지 못할 것이다.

디테일이란 활력이 넘치는 에너지는 아니지만 결과에 영향을 미치는 폭발성을 가지고 있다. 디테일은 세심한 주의력과 분석적 사고력, 스펀지와 같은 흡수력, 번뜩이는 창의력 등이 수반되어야 한다. 오히려 디테일을 고집하는 사람을 답답하다고 한다. 그러나 평범한 사람들이 완벽해질 수 있는 단 한 가지 방법은 바로 디테일에 있다.

디테일에 대한 부등식을 만든다면 $100-1 \neq 99$ 가 아니라 $100-1=0$ 이다.

공들여 쌓은 탑도 벽돌 한 장이 부족해서 무너지고, 1%의 실수가 100%의 실패를 부를 수 있다는 뜻이다.

간단하지 않다는 것은 무엇인가?

간단한 일을 모두 잘해내는 것이 바로 간단하지 않다는 것이다.

평범하지 않다는 것은 무엇인가?

평범한 일을 모두 잘해내는 것이 바로 평범하지 않다는 것이다.

내 안에
답이 있다

작년부터 지금까지 변화가 없었다면 당신은 1년간 영안실에 누워 있는 셈이다.

변화와 혁신을 얘기할 때 자주 인용되는 동물이 공룡이다. 학자들의 주장에 의하면 백악기 말에 출현한 30여 톤에 달하는 공룡인 브론토사우루스(아파토사우루스)의 예를 곧잘 든다. 약육강식이 통하는 야생의 생태계에서 다른 동물들이 이 공룡의 꼬리를 물면 그 아픔을 느끼는 시간이 20초가량 걸리며, 뱃살을 물어뜯으면 10초 후에 아픔을 느끼기 때문에 다른 동물의 먹잇감으로 전락한 것이라고 설명한다. 밭에서 일하던 농부가 말벌에 쏘인 후 20초 동안 아무런 통증을 느끼지 못한다면 농부는 어떻게 될까? 상상하기가 끔찍하다.

그래서 공룡 중에 가장 단명한 공룡이 브론토사우루스라고 설명한다. 얼마나 거대하고 웅장하였으면 아픔을 느끼는 신경조직이 이렇게 느릴까?

더구나 자기보다 덩치가 작은 포식자들의 먹잇감이 되었을까?

현재 살아가고 있는 우리로서는 도저히 이해하기 어려운 쥐라기 시대 이야기이지만, 조직이나 개인의 변화와 혁신에 몇 가지 시사점이 있다.

요즘은 여행지의 명승고적에 어김없이 있었던 사진사 내지는 필름을 파는 상점을 볼 수가 없다. 사진사의 힘을 빌리지 않고 디지털 카메라로 흔적을 남긴다. 디지털 카메라도 귀찮아서 고화질이 장착된 스마트폰으로 찍고 실시간으로 검증하고 편집한다. 지인에게 인터넷으로 바로 전송하고 바로 평가를 받는다. 필름을 사서 카메라에 넣어 찍고, 며칠 후 현상하는 시대는 한물간 것이다.

즉시 즉결처분하는 SNS, TGIF시대가 온 것이다.

이를테면 필름을 만들던 글로벌 기업인 AGFA, KODAK의 존립을 위태롭게 한 것이다. 이들 기업 중 AGFA는 도태되고 KODAK은 몰락의 길을 걷고 있다. 그러나 같은 필름 업종인 FUJI는 변화와 혁신에 성공하였다. 몰락한 두 회사 중 AGFA는 2001년도만 하더라도 창립 138년 역사 중 가장 매출액이 많았던 해였다. 플라스틱 필름이 영원히 갈 것이라는 판단을 쉽게 내릴 수 있던 이유는 매출액의 함정이다. 독일에 공장이 5개 있었고 세계 각국에 판매망을 구축한 회사가 불과 4년 후의 디지털 제품의 변화를 예상 못하고 역사의 뒤안길로 사라졌다는 것은 매우 아이러니하다. 2001년도 최고의 매출에 흥분하여 필름시장은 영원히 갈 것이라고 안이한 판단을 한 것일까?

역사의 장으로 사라진 이유는 여러 가지 요인이 있겠지만 미래사회가 요구하는 변화와 혁신의 트렌드를 읽지 못했던 것이다. 코닥은 오히려 1975년에 디지털 카메라를 처음 개발한 회사이면서 역설적으로 몰락의 길을 걸었다. 디카를 판매하면 필름 매출이 저하될 것이라고 판단을 했을까? 변화를 제대로 읽지 않고 이에 적응하려는 노력을 게을리했던 것일까? 선택과 집중에도 실패했다.

유정옥의 '세 마리의 쥐'의 애기는 변화에 대한 의미를 알기 쉽게 설명한다.

쥐 한 마리가 하수구로 떠내려오는 밥알이랑 음식물 찌꺼기를 건져 먹으며 살았지. 추운 겨울에 그것들을 더러운 물에서 건져 먹으려니 쥐의 털은 물에 젖어 꽁꽁 얼어붙었지. 그래도 그 쥐는 매일 달달달 떨면서 그곳에서만 살다가 죽었지. 또 다른 한 쥐는 쌀 곳간에 살았어. 사시사철 넘쳐나는 하얀 쌀을 마음껏 먹고 졸음이 오면 따뜻하고 깨끗한 쌀가마니 위에서 쿨쿨 늘어지게 잠을 잤단다.

"애야, 쥐가 다니는 길이 따로 정해져 있니?"

"아니요."

그래. 하수구에 살던 쥐가 곳간에 가면 절대로 안 된다고 길이 정해져 있는 것이 아니다. 그래도 하수구에 사는 쥐는 일평생 그 하수구를 떠나지 못한단다. 더러운 물에 떠내려오는 밥 알갱이를 주워 먹지 못하면 배고파 죽을까 봐 그곳을 못 떠나고 달달달 떨면서 살다가 죽는 거야. 사람에게도 가는 길이 정해져 있는 것이 아니다. 그곳을 떠나면 금방 죽을 것 같아도 떠나라. 깨끗한 길을 계속 찾아 살아라. 깨끗한 길에서도 절대로 죽지 않는단다.

변화는 자기로부터 시작한다.

초등학교 시절, 한번 쯤 경험한 얘기를 해보자.

우리 반에서 가장 꼴통인 친구가 다른 학교로 전학을 가게 되었다. 그동안 꼴통한테 당했던 온갖 행패와 수모를 생각하면 때려 주고 싶지만 선뜻 나설 수도 없다. 꼴통 앞에서는 석별의 아쉬운 표정을 짓지만 마음속으로는 모든 친구들이 환호성을 지른다. 그동안 심하게 앓던 종기의 고름이 쏙 빠진 것처럼 시원하기 그지없다. 이젠 꼴통이 없어진 것이다. 우리 반 분위기는 밀폐된 동굴의 어둠에서 금방 빠져나와 첫 번째 맞이하는 햇살에 비유할 수 있을 정도였다. 그러나 그 기쁨은 잠시였음을 깨닫는 데는 그리 오래 걸리지 않는다.

왜냐하면, 며칠 후, 우리는 더 심한 꼴통을 만나게 되니 말이다.

직장 생활을 했던 사람들은 품질관리활동을 하면서 귀가 아프도록 듣는 법칙이 있다. 파레토의 법칙(Paretos law)이다. 이탈리아 경제학인 빌프레도 파레토(Vilfredo Pareto 1848 ~ 1923)가 어느 날 개미들을 관찰하던 중에 모든 개미가 열심히 일하는 것이 아니라는 사실을 발견했다. 더 자세히 관찰해 보니 열심히 일하지 않는 개미가 하나둘씩 눈에 띄더니 그 개미의 숫자가 열심히 일을 하고 있는 개미보다 훨씬 더 많다는 것을 발견했고, 그 비율이 약 20:80 정도였다는 것을 처음 발견했다.

그 후 파레토는 일을 열심히 하는 개미(20%)만 따로 모아서 일을 시켜 보았다. 그런데 시간이 지나자, 그 20%의 개미 중에서도 일을 하지 않는 개미가 생기기 시작했다. 그 20%의 개미들 중에서도 20:80의 비율에 맞춰 일하는 개미와 그렇지 않은 개미로 나누어지는 것이었다. 그 후 파레토는 20:80 이라는 비율이 인간 세상에도 똑같이 적용되는 게 아닐까 하는 생각에 연구를 하게 되었고 그 결과 파레토의 법칙(Paretos law)을 만들어 내게 되었다.

예를 들면 휴대폰의 통화 목록의 상위 20%의 통화시간이 총 통화시간의 80%를 차지한다.

백화점의 VIP고객 20%가 총매출액의 80%를 차지한다.

우리가 주고받는 이메일도 스팸메일이 80%를 차지한다.

많은 넥타이 중 20%는 부지런히 매고 다니지만, 80%는 거들떠보지 않는다.

20퍼센트의 판매직원이 80%의 매출을 올리고 있다. 프로 운동선수의 20%가 대회 상금의 80%를 쓸어간다.

전체 교칙위반 사례 중 80%는 20%의 학생들이 저지른다.

외출할 때 블라우스 중 20%는 자주 입고, 80%의 블라우스는 손도 안 된다.

수업 내용의 80%를 이해하는 학생은 전체의 20%이다.

책 내용의 20%인 핵심은 전체 책 내용의 80%에 해당된다.

어느 팀이든 20%의 긍정적인 사람들과 80%의 부정적인 사람들이 있다.

여기서 중요한 것은 바로 핵심적인 소수가 다수보디도 큰 성과를 내고 있다는 점이다. 그러면 20%를 제외한 80%는 필요하지 않다는 것인가? 그렇지 않다. 항해하는 대형 상선이 큰 파도를 만나도 파도에 휩쓸리지 않기 위해 배의 바닥에 밑짐이 있어야 하듯이 어느 조직에서든지 20%를 위한 밑짐이 필요하다.

앞의 초등학교의 사례가 좀 우스꽝스러운 얘기이지만 오해가 없기를 바란다. 어느 조직이든지 꼴통이 필요하다는 것이 아니라 자연적으로 꼴통은 존재하며 그 사람으로 인해 다른 꼴통이 나타나지 않는다는 것뿐이다. 그렇다고 어느 조직이든 80%의 밑짐이 당연히 존재해야 한다는 이야기도 아니다. 오히려 20%에 초점을 맞추어 보자. 즉 창조적 소수의 20%가 조직성과에 결정적 역할을 하게 된다. 따라서 이러한 논리는 조직 변화나 혁신에도 적용될 수 있다. 어떤 조직에

   배짱이 곧 실력이다

서 내가 먼저 변화한다면 내 주변에 있는 나의 상사, 그리고 나의 후배, 내가 지원을 받아야 하는 협조부서의 담당자, 나의 지원을 받아야 하는 또 다른 부서 담당자에게 손쉽게 접근이 가능하다. 즉 나를 중심으로 상하좌우의 네 사람이다. 이는 한 사람만이라도 제대로 된 변화를 한다면 그 주위의 네 사람에게 영향을 주어 결국 나를 포함하여 다섯 사람이 변화에 동참하게 된다는 것이다.

다음 단계에서는 변화된 다섯 사람이 또 각자 네 사람을 변화시킨다면 20명이 된다. 이제 20명이 성과의 80%를 산출할 준비를 한다면 성과는 전체 변화로 일어난다.

그런데 왜 변화하지 않을까? 결론은 20%가 변화하지 않기 때문이다. 20%가 변화하지 않는 이유는 5%가 변화하지 않기 때문이다. 5%가 변화하지 않는 이유는 1%인 내가 변화하지 않기 때문이다.

문제가 발생하면 갈등은 자연적으로 발생한다. 그러나 문제를 바라보는 눈이 해결관점이 아니라 방치하고 회피하는 경우를 '상황변화'라고 한다면 이는 바람직한 변화라고 할 수 없다. 예를 든다면 상사가 미워 사표를 내는 경우, 이웃이 미워 이사하는 경우, 상대가 미워서 이혼하는 경우, 동료가 미워서 서로 피하는 경우를 들 수 있다. 그렇다고 새로 만나는 다른 상사, 다른 이웃, 다른 사람들이 이전사람들보다 좋다는 보장도 없다. 문제는 해결되지 않고 남아있을 뿐이다.

상대를 내가 마음먹은 대로 움직일 수 있다는 변화를 '상대변화'라고 한다면 이 변화도 쉽지 않다. 그러나 이 변화는 많은 갈등을 또 다시 일으킬 수 있으므로 바람직한 변화라고 볼 수 없다. 이제 남은 것은 상대에 맞추어 내가 먼저 변화하는 것이다. '자기변화'다.

바람직한 변화란 변화하지 않는 남을 먼저 탓할 것이 아니라 '나'부터 변하는 일이다. 내가 먼저 변하지 않는 한, 이미 갖고 있는 것 말고는 아무것도 얻을 수 없다.

성공한 조직이나 개인은 어떤 특성을 가졌을까?

주체적 셀프리더이다. 이들은 자신이 나아갈 방향을 스스로 찾아서 목표를 정하고 자신의 사고와 행동을 변화시키면서 장애물을 극복하고 꿈을 이룬 사람들이다. 올바른 삶을 살아가며, 타인에게 감동과 공감을 이끌어 내는 비전이 있고, 새로운 길을 개척하고 도전하는 리더이다. 열정적으로 고민하고 냉철하게 사색하고 자기로부터 시작하는 길 밖에 없다. 어디에도 답은 없다. 세상에는 바꿀 수 없는 두 가지가 있다. 지나간 과거와 내가 아닌 타인을 바꿀 수 없다. 그러나 내 마음대로 바꿀 수 있는 것이 있다. 바로 '자신'이다. 가까운 내 안에서 답을 찾아야 한다. 변화를 두려워하지 않고 부딪쳐야 성공한다. 평생을 두고 찾아 헤매야 하는 오직 한 가지가 있다면 바로 '자신'이다. 나를 잊고 학대하면 어느 곳에서도 인생의 뿌리를 내릴 수 없다.

생각을 디자인하면
세상이 달라 보인다

"여러분, 머리가 5개, 다리가 16개 달린 동물은 어떤 동물입니까?"

"어떤 동물일까? 지네, 아니야?"

수강자를 대상으로 강의할 때 자주 물어 보지만 모두가 골똘하게 생각하면서도 선뜻 해답을 주지 못한다.

그러나 초등학생들에게 물어 보면 즉시 답변한다.

"괴물입니다."

어른들은 그런 동물이 있는지 심각하게 고민하지만 아이들은 순수하게 괴물이라고 대답한다. 다시 수강자들에게 물어본다.

"닭하고 거북이가 있습니다. 닭과 거북이를 합치면 5마리이고 다리 숫자를 모두 세어보면 16개입니다. 닭은 몇 마리이고, 거북이는 몇 마리입니까?"

아이들에게 물어 보면 조금 생각하다가 답을 준다.

그러나 스펙이 높은 수강자일수록 대부분은 펜을 들고 계산한다.

닭을 x로, 거북이를 y 로 정하고 일차 방정식을 익숙하게 풀어나간다.

$$x + y = 5$$
$$2x + 4y = 16$$

물론 x는 2, y는 3의 숫자가 나온다. 즉 닭 두 마리, 거북이 세 마리가 해답이다.

어른들의 일차방정식으로 풀어가는 시간보다 골똘하게 생각하면서 푸는 초등생들의 속도가 더 빠름을 어떻게 해석해야 할까? 아이들은 동그라미 다섯 개를 먼저 그린 다음 그 동그라미 하나씩마다 거북이 다리 4개씩 그려가다가 마지막 동그라미 2개에 다리 2개씩을 그리면서 쉽게 해답을 찾는다.

물론 지식을 부정하고자 하는 것은 아니다. 그러나 매사에 하는 일마다 일차 방정식을 대입하는 것도 곤란하다. 이미 몸에 배어 버린 어른들의 프레임이다.

다시 한 번 예를 들어 설명해보자.

어느 병원에 살인 사건이 일어났다. 병원의 간호사가 강간살인을 당했다. 죽기 직전에 동료 간호사에게 '범인은 당직의사'라고 알려주었다.

동료 간호사는 즉시 경찰서에 신고하여 수사관이 병원에 도착했다. 간호사에게 범인의 정보를 들은 수사관은 당직 의사를 불렀다. 그 날 밤 당직 의사는 A, B, C, 세 사람이었다.

수사관은 당직의사 세 사람을 보는 즉시 B를 범인으로 체포하였다. 어떻게 수사반장은 멀리서 보자마자 범인을 빨리 찾았을까? 수강자로부터 다양한 의견이 나온다.

범인의 인상착의나, 표정과 자세에서 범인을 찾아낸다고 대답한다. 또는 수사관의 오랜 수사경험에서 찾았을 것이라고 대답하기도 한다. 범죄 유형에 관한 책을 읽다가 기억나는 유형이 있다. 미간이 붙어 있는 자는 재산탕진 형, 이마가 튀어나오고 광대뼈가 유달리 튀어나오면 살인 폭행 형, 눈이 돌출되어 나오고 입술이 뒤집어 있으면 치정살인 형, 뒤통수가 튀어나오고 하관이 빠르면 배신배반 형. 이 책을 다 읽고 나면 자신이 범죄형인가 고민할 것이다. 유형 어디엔가 하나쯤 해당되지 않은 사람이 없기 때문이다.

수강자의 모든 의견을 종합해 보면 그들이 그동안 살아온 경험과 지식에 바탕을 두고 자신 있게 대답한다. 그러면 수사관이 빨리 B를 진범으로 확정할 수 있는 정보는 의외로 간단하다. 그날 밤 당직의사 세 명중 A와 C는 여성 당직의사이기 때문이다.

범인에 대하여 아무런 정보를 주지 않은 상태에서 옛날 생각처럼 추론한다면 야간 당직의사는 남자들만이 하는 전매특허로 보면 함정에 빠지고 만다.

경험과 지식에서 오는 문화의 프레임이 고착되어 있다면 이 문제는 풀기가 어렵다.

프레임을 설명할 때 자주 인용하는 두 가지 얘기가 있다.

그 하나는 서양 동화 중에 '핑크 대왕 퍼시(Percy the Pink)'라는 재미있는 이야기다.

핑크색을 광적으로 좋아하는 핑크 대왕 퍼시가 살았다.

핑크 대왕 퍼시는 자신의 옷뿐만 아니라 모든 소유물이 핑크색이었고 매일 먹는 음식까지도 핑크색이었다.

그러나 핑크 대왕은 이것으로 만족할 수가 없었다.

왜냐하면 성 밖에는 핑크가 아닌 다른 색들이 수없이 존재하고 있었기 때문이다. 고민 끝에 핑크 대왕은 백성들의 모든 소유물을 핑크로 바꾸라는 법을 제정했다. 왕의 일방적인 지시에 반발하는 사람들이 많았지만 어쩔 수 없이 그날 이후로 백성들도 옷과 그릇, 가구 등을 모두 핑크색으로 바꾸었다.

그러나 핑크 대왕은 여전히 만족하지 못했다.

세상에는 아직도 핑크색이 아닌 것들이 존재하고 있었기 때문이다.

그래서 이번에는 나라의 모든 꽃들과 나무와 풀, 동물들까지도 핑크색으로 염색하도록 명령을 했다. 대규모의 군대가 동원이 되어 산

   배짱이 곧 실력이다

과 들로 다니면서 모든 사물을 핑크색으로 염색하는 진풍경이 연출되었다. 동물들도 갓 태어나자마자 바로 핑크색으로 염색이 되었다.

드디어 핑크 대왕이 바라던 대로 모든 것이 핑크로 변한 듯 보였다.

그러나 단 한 곳, 핑크로 바꾸지 못한 곳이 있었으니 그건 바로 하늘이었다.

제아무리 권력을 갖고 있는 왕이라 할지라도 하늘을 핑크로 바꾸는 것은 불가능한 일이었다.

며칠을 전전긍긍했지만 뾰족한 수가 떠오르지 않자, 핑크 대왕은 마지막 방법으로 자신의 스승에게 묘책을 찾아내도록 명령을 했고, 밤낮으로 고심을 하던 스승은 마침내 하늘을 핑크색으로 바꿀 묘책을 찾아내고는 무릎을 쳤다.

스승이 발견한 그 묘책을 과연 무엇이었을까요?

핑크 대왕 앞에 나간 스승은 왕에게 이미 하늘을 핑크색으로 바꾸어 놓았으니 준비한 안경을 끼고 하늘을 보라고 했다. 대왕은 반신반의 하면서 스승의 말에 따라 안경을 끼고 하늘을 올려다봤다. 그런데 이게 어찌된 일일까?

구름과 하늘이 온통 핑크색으로 변해 있는 게 아닌가.

스승이 마술을 부려 하늘을 핑크색으로 바꾸어 놓은 것일까?

물론 아니다. 핑크색 안경을 끼고 보았기 때문이다.

두 번째 이야기는 동물들의 전쟁 이야기다.

동물들의 세계에 전쟁이 일어났다. 사자가 총사령관이 되어 모든 동물들을 불러 모았다. 사방에서 동물들이 몰려들었다. 동물들끼리 서로 쳐다보면서 한심하다는 듯이 수군거렸다.

"토끼 같은 겁쟁이가 어떻게 싸움을 한다고 온 거야? 한심하군."

"힘이 약한 개미를 어디다 쓰겠어?"

"코끼리는 덩치도 크고 느림보여서 금방 적에게 들통나고 말걸."

"당나귀는 멍텅구리라서 방해만 될 데니 돌아가는 게 넛겠다."

이때 총사령관인 사자가 호통을 쳤다.

"시끄럽다. 모두 조용히 해라! 토끼는 걸음이 빠르니 전령으로 쓸 것이며, 그리고 개미는 작아서 눈에 잘 안 띄니 적진에 게릴라로 파견할 것이고, 코끼리는 힘이 세니 전쟁 물자를 운반하는 일을 할 것이며, 당나귀는 입이 길어서 나팔수로 쓸 것이다."

어느 방송국에 '아이들의 눈높이로 맞추어 보세요'라는 오락 프로그램이 있었다. 꽤 인기 있는 프로그램이었다. 출연한 어른들이 전전긍긍하면서 스무고개 하듯이 아이들의 생각을 맞추어 가는 것이다. 아이들의 눈높이로 맞춘다는 것이 어려웠다. 어른들의 답변과 아이들의 생각의 차이가 너무나 컸다. 배를 움켜잡는 폭소가 계속 이어졌다. 그때의 문제를 기억나는 대로 열거하니 맞춰 보기 바란다.

　　　　　　　　　　　　　　　　배짱이 곧 실력이다

1) 아빠가 일어나면 엄마가 책을 봐요. (   )

2) 여기엔 지폐는 없고 동전만 있어요. (   )

3) 엄마랑 목욕하면 이걸 꼭 해야 대요. (   )

4) 엄마는 손으로 하고 아빠는 발로 해요. (   )

방송 중간중간에 힌트를 주는 데도 패널들은 쩔쩔 맨다. 물론 시청자는 제시된 답을 이미 알고 있다. 그러다 보니 맞추지 못하는 패널들이 너무나 우습고 가련해 보인다. 심지어 지적 수준을 의심하게 만들기도 한다. 어떤 때는 내가 출연하면 전부 맞힐 수 있겠다는 착각도 든다. 제한된 방송 시간에도 맞추지 못하고 왁자지껄하는 중에 정답을 제시하면 패널들은 감탄사를 연발한다. 아이들이 미리 이야기한 힌트와 정답이 절묘하게 연결됨을 알고 박장대소한다.

아이들의 눈높이와 어른들의 가치관이 충돌하면서 해답 찾기가 어렵다. 그래서 아이들과의 소통이 매우 어렵다.

해답은 1) 노래방 2) 분수대 3) 만세 4) 빨래다.

앞의 사례에서 보면 많은 사람들이 자기중심적 생각(자기만의 프레임)을 하고 있다는 것을 깨닫게 된다. 상대의 입장에서 생각하기란 어려운 것은 사실이다. 왜냐하면 나이, 성별, 출생, 경험, 학력, 전공, 능력, 가치관, 환경 등 다양한 요소들이 복잡한 의사결정이나 행동 패턴에 영향을 주기 때문이다. 중년 이상의 사람들에게 사랑이 무엇이냐고 묻는다면? '눈물의 씨앗'이라고 유행했던 노래의 가사를 기억할 것이다. 혹시 씨앗가게에서 주인에게 "눈물의 씨앗 천원어치 주세요."하면 "장사도 잘 안되는데 어느 미친놈이 약 올리느냐."고 뺨을 맞지 않으면 다행이다.

기구한 사랑을 하였다가 처절하게 배신당한 사람이라면 사랑의 정의를 어떻게 내릴까? 반대로 솜사탕처럼 달콤하고 낭만적 사랑을 한 사람이라면 사랑의 정의를 어떻게 내릴까? 하루하루 먹고 살기 바쁜 사람 옆에 가서 사랑이 무엇이냐고 물으면 어떤 얘기가 나올까?

혹시 자연산 도다리처럼 삐딱하게 눈뜨고 질문자를 쳐다보지 않을까?

어떻게 표현하든 개인의 경험과 가치관에 맞추어 표현할 것이며 그것은 공통된 정의가 아니라 어느 한 부분에 불과할 것이다. 다양한 가치관들을 모두 포함해야 할 것이다. 수학 문제처럼 정확하게 계산이 나올 수가 없다.

나의 판단과 해석은 지극히 주관적이고 그것은 자신이 쌓아온 문화(경험과 지식, 태도)에 바탕을 둔다. 그 문화는 해변에 있는 수많은 모래 중 몇 알에 불과하다. 모래알에 불과한 잣대로 세상일을 단정해서 말한다는 것이 가능한 일인가? 우리는 흔히 나는 옳고 다른 사람이 틀렸다고 한다. 틀림과 다름을 혼동해서 사용한다. 핑크 대왕처럼 나만의 고정된 핑크 안경을 과감하게 벗어야 한다. 동물들의 전쟁 이야기처럼 우리가 어떠한 관점에서 보느냐에 따라 상황은 매우 달라질 수 있다.

서울 영등포에 위치한 병원에서 간호사를 대상으로 직업의식에 대해 강의할 때였다. 강의 중에 어느 간호사가 갑자기 질문 있다고 하는 것이 아닌가.

"예. 말씀하십시오."

"강사님은 우리들에게 직업에 대한 긍지를 가지라고 말씀하지만 현실은 그렇지 않습니다. 환자들의 배설물을 치울 때도 있고요, 피고름 짜낼 때도 있어요. 또 환자와 가족들로부터 구타를 당하는 경우도 간혹 있습니다. 3D직업이 따로 없습니다. 이 직업이 나이팅게일 선서로 치유될 수 있다고 생각하십니까?"

매우 도발적이고 대답하기 난감한 질문이다. 20여 년간 기업에서 강의를 해보았지만 이렇게 당황해본 적은 없었다. 더구나 그날 강의 주제가 직업의식인데 정면으로 항의하고 있는 것이 아닌가? 모든 간호사들이 나에게 어떤 얘기가 나올까 하고 시선이 한곳으로 모여들고 있다. 무슨 얘기를 하는지 두고 보자는 태도였다. 질문을 한 사람은 적어도 수간호사 정도 되어 보였다. 어떻게 보면 간호사들의 열악한 근무조건을 대변하는 질문 같기도 했다. 병원장은 얼굴에 손을 대고 어떤 대답이 나올까 하고 궁금해하는 표정이었다. 사실 간호사 직업의식에 대해 그들만큼 잘 아는 사람은 없다. 즉답을 피했다. 새벽부터 거리를 청소하는 미화원 얘기와 집을 짓는 석수장이 얘기를 들려주었다. 변죽을 울려서 스리쿠션으로 설득의 포인트를 전환시켰다.

이른 새벽부터 낙엽을 쓸고 있는 미화원에게 물었다.

"당신은 어떤 마음으로 이 거리를 청소하고 있습니까?"

그랬더니 미화원은 이렇게 대답했다.

"저는 우리 동네의 한 모퉁이를 깨끗이 청소하고 있습니다. 그리고 이 언덕 아래 있는 경로당에 가기 위해서 노인들이 이 길을 이용하는데 어제 내린 가랑비로 젖은 낙엽에 미끄러질 우려가 있어 더욱 신경을 쓰고 있습니다. 저도 아흔이 된 어머니를 모시고 있거든요."

건물을 짓기 위해 돌을 다듬는 3명의 석수들에게 어떤 마음으로 일을 하고 있는지 질문했습니다.

"돈을 벌어 처자식들을 먹여 살리기 위해 호구지책으로 일하고 있습니다."

"시키는 일이나 잘하자는 생각으로 일하고 있습니다."

"멋진 집을 지어서 고객에게 만족감을 주고자 열심히 돌을 다듬고 있습니다."

　　　　　　　　　　　　　배짱이 곧 실력이다

“많은 사람들이 이 세 가지 중 하나를 선택할 것입니다. 어느 것을 선택하든지 선택은 자유이지만 선택의 결과에 따라 천당과 지옥으로 극명하게 갈라집니다. 자신이 선택한 것의 결과입니다. 간호사님이 하고 있는 일에 긍지를 가지고 있지 않다면 심각하게 고려해봐야 합니다. 그렇지 않으면 인생을 낭비하는 것입니다. 당신에게 긍지를 줄 수 있는 일을 다시 찾으십시오. 그럴 용기가 없다면 지금 일에 충실하십시오. 다시 말하면 호구지책으로 이 일을 하고 있다고 해도 이 일에서 긍지를 찾으십시오. 현실을 부정하면서 감옥살이에서 벗어나지 못하는 이중구조의 딜레마에서 벗어나십시오. 그리고 미화원의 직업의식과 석수장이가 생각하는 자긍심에 대해서 어떻게 생각하십니까?”

내 질문에 대한 간호사의 답변을 듣지는 못했다.

세상을 보는 프레임을 바꾸어 보자. 생각을 디자인해보자. 그러면 마음이 편안해지고 자기 일에 긍지를 가지게 된다. 긍지는 열정으로 이어지고 변화의 길로 자신을 이끌 것이다.

자기창조를 위한
틀을 만들라

너 고릴라 봤어?

아니, 못 봤어. 고릴라가 언제 지나갔어?

응. 처음에 가슴을 쾅 쾅 치면서 걸어갔어.

검은새 옷 입은 여자 한 명이 슬그머니 없이진 것 봤어?

언제 없어졌는데? 나는 못 봤는데…….

커튼 색이 바뀐 것은?

커튼 색이 바뀐 줄 몰랐네.

뭐야, 그럼 하나도 못 봤다는 얘기야?

필자가 강의 중에 미국 심리학자 다니엘 사이먼(Daniel j Simons)가 2010년 세계 심리학 대회에서 발표했던 '고릴라 실험' 동영상(Monkey business illusion)을 수강자에게 보여 주면서 사람이 느끼는 '인지의 한계'를 자주 설명한다. 이해하기 쉽게 만든 동영상 자료다. 이 실험에서 많은 수강자들이 여성들 사이를 가슴을 치면서 뚜벅뚜벅 걸어가는 까만 고릴라를 보지 못하는 착각을 한다. 이 동영상은 무대 커튼 앞에서 검은 유니폼을 입은 여성 3명과 흰 유니폼을 입은 여성 3명, 전부 6명의 여성이 공을 패스하는 모습을 보고 '흰색 유니폼과 검은색 유니폼을 입은 여성들이 각각 공을 몇 번이나 패스하는지 세어 보라.'는 것이다. 물론 흰색 유니폼 여성은 16번, 검은색 유니폼의 여성은 15번의 공을 주고받는다.

대부분 수강자들은 이 숫자를 정확히 맞춘다.

물론 패스 횟수는 질문 취지와 관계가 먼 것이다. 묻고자 하는 것은 화면 속의 고릴라였다. 동영상의 중반 무렵 영상 속에서 불쑥 거대한 고릴라 옷을 입은 사람이 등장한다. 고릴라는 한동안 공을 주고받는 여성들 사이를 어슬렁거린 후 잠시 멈추어 서서 가슴을 쾅쾅 두드려 보이곤 사라진다. 동영상 시청이 끝난 후 수강자에게 '고릴라를 봤냐?'고 물었다.

놀랍게도 고릴라를 봤다는 사람은 대상에 따라 거의 10~50% 정도다. 대부분은 "뭔 고릴라야? 너 봤어? 패스 숫자를 세느라고 못 봤어."라는 반응을 보였다. 공을 패스하는 장면에 집중한 나머지 정작 고릴라를 보지 못한 것이다. 두 번째의 질문은 '검은 유니폼을 입은 여성이 중간에 사라진 것을 본 수강자는?' 가뭄에 콩 나듯이 1% 정도 손을 든다. 그리고 세 번째 질문은 '무대 뒤의 커다란 커튼의 색깔이 다른 색깔로 바뀐 것을 본 수강자는?' 이 질문에 "커튼이 있었어? 무슨 색깔로 바뀌었어?" 하면서 모두가 웅성댄다. 물론 세 번째 질문에 손을 든 수강자는 거의 없을 정도다. 왜 이러한 현상이 일어날까? 그 이유는 동영상에 나오는 6명의 여성들이 주고받는 공의 패스에만 집중했던 까닭이다. 이 동영상은 사람의 시각적 인지가 얼마든지 착각을 일으킬 수 있음을 알려준다. 이러한 인지의 착각 문제를 해결하기 위해서는 어떻게 해야 할까?

'우리의 눈은 마음이 이해할 준비가 되어 있는 것만 본다.'는 프랑스 철학자 베르그송의 얘기가 적절하게 설명해 준다.

동생의 권유로 대장 내시경 검사를 받기 위해 당일 저녁부터 금식하고 검사 전날 2시간, 검사 당일 새벽부터 2시간 동안 총 4리터 가량의 음료를 마셔서 대장을 비워야 하는 고통을 참는 일이 대장 검사보다 더 어려웠다. 화장실을 수시로 들락거려야 하는 일도 아주 불편했다. 독자 중에 대장 검사를 경험한 사람은 필자의 고충을 충분히 이해하리라 믿는다.

속이 텅 빈 금식 상태로 화장실 옆에서 비상 대기한 나의 모습이 처량해 보였다. 저녁 내내 화장실을 들락거린 나는 탈진 상태로 소파에 앉아서 하릴없이 여기저기 TV채널을 돌렸다. 배가 고프니까 심리적 안정이 되지 않았다. 채널은 독점했지만 죄 없는 리모컨만 열불 날 지경이다.

그날따라 TV에서는 맛집 소개와 레시피 설명이 왜 그리 많은지……. 거기에 연예인들이 나와 맛있게 먹는 장면에서는 도저히 배고픔을 참을 수가 없었다. 다양한 재료로 맛있는 음식을 만들어 시식하는 장면은 고문과 다름없다. 고문 중에 음식 고문이 가장 잔인한 것 같다. 지쳐있는 나의 인내심을 시험하는 듯했다. 우리나라 TV는 음식 방송에만 너무 치우쳐져 있다고 불평했다. 먹고 싶은 충동을 참고 자리에 누웠지만 빈속이라 잠도 잘 오지도 않았다. 다음날 아침 택시를 타고 병원으로 가면서 또 한 번 놀랐다. 휑한 눈으로 하릴없이 도로변을 보는데 음식점 간판이 저렇게 많았는지 도무지 이해가 되지 않았다.

매일 다녔던 길을 오늘 똑같이 가고 있는데도 말이다. 그렇다고 하루 사이에 음식점이 늘어난 것도 아니다. 어제 TV에서는 평소보다 많은 음식 방송이 편성되었던 걸까? 그것도 아니다. 그것은 바로 내가 배가 너무 고팠기 때문이다. 나에게 필요한 것은 오직 배고픔에 대한 해결책 뿐이었던 것이다.

오늘 바쁘게 출근하느라 머리를 감지 않고 지하철을 탔더니 주변 사람들이 신기하게도 나의 머리만 쳐다보면서 "머리를 감지 않고 출근하는구면." 하는 것 같아 시선을 다른 쪽으로 돌렸다. 어제 입었던 블라우스를 오늘 또 입었더니 많은 사람들이 내 옷을 뚫어지게 보면서 "그 아가씨 얼굴은 예쁜데 게으르기 짝이 없구나, 쯧쯧……." 하는 것 같았다.

노벨수상 경제학자들이 '올해 경기가 좋지 않다.'고 기고한 신문 지상의 칼럼을 읽고 나면, "주식을 팔고 현금화해야겠네." 하고 다짐하는 것은 왜 그럴까? 이때 경기에 대한 리서치 결과는 대부분 불경기 쪽으로 기울어지는 것은 왜일까?

인지 과학에 의하면 사람들은 자신의 마음의 창으로 생각하고 판단한다. 따라서 어떤 진실이 받아들여지려면, 그 사람이 원래 가지고 있던 마음의 창과 맞아야 한다. 그래서 자신의 창과 맞지 않으면 어떤 애기도 귀에 들어오지 않거나 수용하지 못한다고 한다. 때에 따라서는 고집스러워지고, 고정관념도 심해진다. 애기가 통하지 않은 답답하기까지하다. 즉 내 입장에서만 바라보는 창으로 모든 것을 해석하기 때문이다.

마음의 창은 개인이 가지고 있는 생각의 틀이고 나의 정신적 지도이기도 하다.

어떤 사람은 항상 동그라미의 틀로 세상을 볼 수도 있다. 어떤 사람은 네모의 틀로, 또 다른 사람은 세모의 틀로도 볼 수 있지만 어떤 틀이라도 부족한 부분은 항상 있기 마련이다.

유럽에 진출한 우리나라 기업의 한국인 매니저가 외국인 근로자에게 근무시간 외 작업을 지시했다. 국내 기업에서는 매우 흔한 일이다. 그러나 외국인 근로자는 야멸차게 잔업을 거부했다. 이유는 근로계약서 체결 때 정규 시간 외의 잔업을 해야한다는 조항이 없다는 것이다.

그러나 더 큰 이유는 '가정과 가족'을 위해서 하지 않겠다는 것이었다.

우리나라 근로자에게 잔업을 지시하면 근로계약서 내용은 모르겠고 '가정과 가족'을 위해 잔업을 해야 한다고 생각한다.

두 근로자는 '가정과 가족'이라는 프레임은 동일하지만 문화와 환경이 극명하게 다르게 해석을 요구하고 있다. '가정과 가족'을 위해 외국인 근로자는 시간이 필요하고, 우리나라 근로자는 돈이 필요한 것이다. 물론 이 사례는 특수한 상황임을 이해해주기 바란다.

우리나라와 유럽의 장기 기증률을 보면 우리나라보다 60% 이상 유럽인들의 기증률이 높다. 유럽 사람들이 우리나라 사람들보다 인정이 많아서일까? 천만의 말씀이다. 국가적 프레임의 문제다. 유럽의 대다수 국가는 태어나면서 장기 기증을 하도록 제도화되어 있다. 그러나 기증하기 싫은 사람은 따로 서약을 하면 하지 않아도 된다. 반면에 우리나라는 기증을 하기 위해선 서약을 해야 한다. 서약의 프레임은 같으나 해석은 다르다.

결국은 서약하기 귀찮아서 유럽은 기증률이 올라가고 우리나라는 반대로 기증률이 낮은 셈이다. 땅에 묻고 태워 없애는 장기를 받아야만이 살 수 있는 환자를 위해 국가적 서약의 프레임을 바꾸어 보자. 고통과 비용 문제가 아니라 생명의 존엄성을 위해서 필요한 프레임이다.

어떤 상황이나 문제들을 올바르게 해석하고 판단하기 위해서는 지식과 경험 등을 통해서 다양한 시각을 가져야 한다. 잔업의 경우와 같이 '가정과 가족'을 보는 시각이 우리네의 렌즈로 보다가는 나무는 보되 숲을 보지 못하는 어리석음을 범할 수 있다. 타인의 다른 창과 부딪칠 때 갈등이 발생할 수도 있다. 실제 생활에서도 나 이외의 다른 사람의 프레임을 이해하고 수용하여 '보는 방법', '듣는 방법'을 확장하는 훈련이 필요하다.

장기기증 서약으로 많은 환자의 생명을 살릴 수 있음에도 굴절된 렌즈로 프로세스를 바꾸지 않는 지도지들이야말로 동시에 여러 개를 보는 마음의 렌즈가 필요하다. 고정관념이나 선입견, 이기적인 가치관의 틀에서 빠져나와 끊임없이 다양성을 제기하는 태도와 습관을 가져야 마음의 폭은 넓어지고 창조적 프레임이 살아난다.

윤형방황을 극복하려면
자신만의 지도가 필요하다

"야! 그것도 못 걸어가냐? 어이구 저 등신."

"야! 왼쪽! 아니 오른쪽!"

"우리 팀이 하면 승리할 수 있어."

"똑바로 걸어가지 왜 게처럼 삐딱하게 걷는 거야."

"쟤 별명이 원래 삐딱 맨이야."

수많은 구경꾼이 모여 있다. 웃음을 참지 못하고 까르륵 웃는 사람들과 왁자지껄 떠드는 사람들이 대부분이다. 물론 심각하게 쳐다보는 사람도 간혹 있다.

앞의 내용은 200m의 거리에 깃발을 꽂아두고 안대로 눈을 가리고 목적지까지 걸어가기 시합의 풍경이다. 십여 년간 상품을 걸고 수천 명이 이 시합에 참여했지만 성공한 사람은 아직까지 한 명도 없다. 앞으로도 이 시합에 성공하는 사람은 나타나지 않을 것으로 보인다.

사람이 눈을 가리고 200m를 일직선으로 걸어가면 어떻게 될까? 200m 앞에 세워진 목표 깃발에 얼마나 가까이 갈까? 20m 정도 걸으면 일직선에서 4m쯤 벗어나고, 계속 걷게 되면 더 큰 원을 그리면서 돌게 된다. 만약 6Km를 걸으면 직선상의 목표에서 얼마나 벗어날까? 다시 출발 지점으로 돌아올 수도 있다. 이런 현상을 윤형방황(輪形彷徨)이라고 한다.

어떤 사람이 알프스 산에서 길을 잃고 13일 동안이나 방황하다가 구출되었다. 그는 길을 찾아 하산하기 위해 매일 12시간씩 걸었는데 알고 보니, 반경 6Km 이내에서만 왔다 갔다 했다는 것이다. 팽이처럼 뱅글뱅글 돌았다는 것이다.

앞의 사례에서 눈을 가리고도 비교적 똑바로 걷기 위해서는 두 가지 비결이 있다.

하나는 자기의 생각대로 과감하게 성큼성큼 걸어 나가는 것이다. 그리고 또 하나는 30보쯤 걷다가 잠깐 멈추고 다시 새 출발하는 기분으로 30보쯤 걷기를 계속 반복해 나가는 것이다.

우리의 삶에도 이런 윤형방황이 있다. 어떤 버릇이나 스타일에서 벗어나지 못하고 서울 지하철 2호선처럼 다람쥐 쳇바퀴 돌듯이 반복하면서 살아간다. 새로운 결심을 하고 새로운 일을 시작하지만 다시 옛날과 같은 생활로 되돌아온 경험을 한 번쯤 갖고 있을 것이다. 이렇게 방황하는 이유는 무엇일까?

매일 되풀이 되는 삶.

지루하고 반복되는 일.

상사, 부하, 동료, 고객 등. 매일 만나는 똑같은 사람들.

똑같거나 비슷한 일상들.

목표 없는 삶…….

윤형방황을 극복하기 위해서는 어떻게 하면 좋을까? 위에 열거한 내용을 반대로 생각하고 실천하면 된다. 지금까지의 삶을 되돌아본다. 삶의 변화를 준다. 목표를 그려본다. 자기가 정한 목표를 향해서 망설이지 말고 성큼성큼 전진해 나가야 한다. 그리고 가끔 멈추어 서서 새롭게 목표를 재정립하고 다시 출발하는 것이다. 가고자 하는 방향을 분명하게 정한다. 당신의 내비게이션을 장착한다.

인디언 설화에 이런 말이 있다.

인디언들은 기우제를 지내면 꼭 비가 온다.

왜냐하면 인디언들은 비가 올 때까지 기우제를 지내기 때문이다.

또 하나, 인디언들은 대 평원을 무리지어 말을 타고 질주하다가 갑자기 선두에 있는 추장이 대열을 멈추고 모두에게 뒤를 돌아보라고 한다.

왜일까?

너무 빨리 달려 왔더니 내 영혼이 함께 따라왔는지 확인하라는 것이다.

우리네 인생은 정신없이 일과 삶의 균형을 깨고 살아 온지 오래다.

정신없이 말 달려온 것이 일이라면 잠시 뒤돌아 챙겨보는 영혼은 우리의 삶이다.

여러분은 일과 삶의 밸런스를 어떻게 유지하고 있는가?

인생은 단 한 번뿐이다. 후회 없이 미련 없이 멋지게 살아야 한다. 삶을 멋지게 살고 싶다면 가슴속에 있는 열정의 불꽃을 태워 지금 이 순간에 충실하라. 어려움이 닥치면 삼류인생은 눈물을 흘리고, 이류인생은 후회하며 입술을 깨물고, 일류 인생은 행복한 웃음을 웃는다. 지금 충실하지 못한 사람은 내일도 그리고 모레도 충실하지 못할 것이다.

삶의 목표를 달성하는 시간이 따로 정해져 있는 것이 아니라 미래에 대비하여 현재에 충실하라. 카르페 디엠!

경기도 화성에 위치한 기업체 강의를 위해 연수원을 방문했는데 현관 입구 오른쪽 화단에 '닥치는 대로 살아라.'라는 글이 커다란 돌덩이에 새겨진 것을 보고 놀랐다. 이 회사의 회장이 쓴 글이다. 신입사원 교육이 많을 텐데, 그들은 어떤 의미로 해석할까? 여기서 연수받은 직원들이 회사로 돌아가서 계획 없이 닥치는 대로 일을 한다면 어떻게 될까? 멍하니 생각하다가 기념사진을 한 장 찍었다. 결심만 하다가

  배짱이 곧 실력이다

포기한 나를 향해 던지는 날카로운 화두 같았다. 생각만 하고 실천하지 않는 사람들을 위해 '닥치는 대로' 실천하라고 돌에 새겨 넣은 것인가? '닥치는 대로'의 메시지는 '닥치는 대로' 실천하지 않으면 성공은 만들어질 수 없는 것 아닌가?

꿈만 키우다가 윤형방황하는 이가 얼마나 많은가? 그동안 얼마나 많은 고민을 하고, 얼마나 많은 목표를 세워 왔던가? 목표와 열정을 가지고 용기 있는 실천을 강조하는 이 메시지는 화살촉이 되어 가슴으로 곧장 날아와 예리하게 박힌다. 윤형방황하지 말고 당신이 그린 지도대로, 닥치는 대로 실천하라고!

다음은 1차 세계대전, 알프스에서 훈련 도중에 조난을 당한 젊은 헝가리 병사들의 실화이다. 알프스에 배치된 헝가리 부대의 한 소대장은 어느 날 분대원들을 정찰 보냈다. 그런데 불행하게도 폭설이 내리기 시작했다. 눈은 이틀 동안 계속해서 쏟아졌고 아무리 기다려도 분대원들이 돌아오지 않았다. 눈보라가 몰아치는 혹한 속에서 식량과 보급품도 없이 병사 몇 명이 동료들과 갈라져 산 속을 헤맸다. 눈과 진눈깨비가 내리는 가운데 이틀이 지나자 추위와 굶주림에 떨었다. 기지로 복귀하는 길을 찾을 수 없자 살아야겠다는 의지마저도 점점 희미해졌다.

그런데 갑자기 기적이 일어났다.

군복 주머니에서 담배를 찾던 병사 한 명이 오래된 지도를 한 장

발견한 것이다.

병사들은 이 지도에 의존하여 산길을 걸어 무사히 기지로 귀환했다.

천만 다행으로 병사들의 목숨을 건진 그 지도를 살펴보았다. 그러나 그 지도는 알프스 지도가 아니다. 그곳에서 2,000킬로미터나 떨어진 피레네 산맥의 지도라는 것을 알게 된 것은 기지에 도착해 따뜻한 음식을 먹고 어느 정도 기운을 차리고 난 다음이었다.

이 이야기는 우리에게 지도가 없는 것보다는 있는 것이 훨씬 낫다는 교훈을 준다.

우리는 매일 수많은 지도를 본다. 항상 수첩 속에 가지고 있다. 외출하기 전에 대형 포털 사이트에 들어가서 도착할 지도의 위치를 완벽하게 파악한다. 뿐만 아니라 도착까지의 소요시간까지 예측한다. 아예 스마트폰에 어플을 다운받아 시간과 장소에 구애받지 않고 사용한다. 지하철을 타려고 해도 사전에 지도를 탐색한다. 환승지역과 방향은 물론 약속 장소까지도 철저하게 파악한다. 지도를 보지 않고 외출한다면 시간과 돈을 낭비할지도 모를 일이다.

이렇게 지도는 우리 생활에 없어서는 안 되는, 꼭 필요한 도구이다.

인생에서 가장 중요한 지도는 무엇일까? 조직이든 사람이든 불확실성의 세계에 지도 없이 몸을 던진다는 것은 엄청난 모험이다. 중요한 것은 이 지도가 얼마나 포괄적이고 심도 있고 객관적인가보다는 이 지도가 세상을 이해하고 자신과 세상에 의미 있는 행동을 할 수 있게 하는 기반을 마련해주는지 여부이다. 즉 얼마나 완벽한 지도를 가지고 있는가가 아니라 아무리 주관적이고 엉터리라 하더라도 나만의 지도를 가지고 있다는 것 자체가 중요하다.

북극해의 그린랜드 근해를 여행하면 빙산들이 바다에 둥둥 떠다니는 것을 볼 수 있다. 그런데 빙산이 떠다니는 것을 관심 있게 보면 특이한 점을 발견할 수 있다. 거대한 빙산 주변에 수많은 작은 빙산이 있는데, 그것들은 큰 빙산이 흘러가는 방향과 다른 방향으로, 심지어는 반대 방향으로 흘러가는 것을 볼 수 있다.

왜 이런 현상이 일어날까? 큰 빙산은 바다의 조류에 따라 흐르고 작은 부스러기 빙산들은 바다 표면에 닿는 바람과 물결에 따라 흐르기 때문이다.

우리는 바다 표면의 바람이나 물결에 따라 움직이는 작은 얼음 부스러기와 같이 외부의 환경에 따라 윤형방황할 것이 아니라 거대한 빙산이 가는 것처럼 올곧은 당신의 지도를 가져야 한다. 목적 없이 윤형방황의 원을 돌고 있는 실종자가 되지 말자.

당신의 지도에 다른 사람들이 상상도 하지 못하는 곳에 베이스캠프를 쳐야 한다. 여기서 말하는 베이스캠프는 희망의 베이스캠프이고, 의지의 베이스캠프이다.

그래서 무슨 일을 하든 성공하려면 베이스캠프를 높이 쳐야 한다. 인생에 리허설은 없다고 했다. 힘차게 시작한 인생길에 방향을 잃고 헤매다가 후회와 아쉬움으로 가득 찬 실패자가 되지 말자. 정상을 정복하는 뿌듯한 성취감을 만끽하는 승리자가 되기를 진정 원한다면 당신의 지도부터 준비하라. 조금 엉터리면 어떤가? 만들었다면 이미 50%는 시작한 것이나 다름없다.

자신을 벼랑 끝에 몰아넣어
진검 승부해야 한다

리더십 강의 중에 우스갯소리로 곧잘 손오공과 사오정 이야기를 예로 들고는 한다.

손오공과 사오정은 매우 친한 친구이다. 리더십 스타일을 설명할 때 손오공은 지혜가 있는 리더, 사오정은 밀어붙이는 주도형 리더라 할 수 있다.

어느 날 손오공과 사오정은 취직하려고 면접시험을 보러 갔다.

손오공의 차례가 되어 먼저 면접시험을 보게 되었다.

사오정은 대기실에서 초조한 마음으로 손오공이 합격되기를 기원하면서 자신의 합격도 기원했다. 그런데 면접실에서 나오는 손오공이 얼굴에 환한 미소를 머금고 있는 것이 아닌가.

손가락으로 V자를 그리면서 합격 소식을 전했다. 사오정은 친구가 합격해서 매우 기분이 좋았지만, 한편 자신의 결과가 걱정되었다.

어깨가 축 쳐지고 긴장하는 사오정에게 손오공이 한마디 던진다.

손오공   오정아 걱정마라. 면접시험에서 세 가지 질문을 하는데 너도 나처럼 대답하면 합격이야.

사오정　응. 질문이 뭔데?

손오공　첫 번째 질문은 좋아하는 축구선수가 누구냐?고 묻기에 '옛날에는 차범근인데 요즘은 박지성입니다.' 라고 했더니 고개를 끄덕였어.

사오정　(침을 꿀꺽 삼키면서) 그리고 두 번째 질문은?

손오공　산업혁명은 언제, 어느 나라에서 시작되었냐고 묻기에 18세기 영국이라고 했더니 아무 말씀 안하면서 곧장 세 번째 질문을 하는데 대답하기가 매우 힘들었어.

사오정　(눈을 동그랗게 뜨고 긴장하면서) 대답하기가 매우 어려운 질문이야?

손오공　(목에 한껏 힘을 주면서 비장한 모습으로) 세 번째 질문은 말이야 UFO를 믿느냐고 묻는데 답변하기가 애매하더라.

사오정　(더욱 긴장해서) 뭐라고 답변했는데?

손오공　개인적 생각으로는 과학적 근거가 없어서 믿고 싶지 않다고 했더니 합격되었어. 너도 나처럼 세 가지 답을 달달 외워서 그대로 대답하면 합격할 수 있어. 오정아 용기 내!

의기소침했던 사오정은 손오공의 말을 듣자 용솟음치듯 자신감이 생겼다. 손오공이 얘기해준 내용을 다른 수험생에게 혹시라도 새어나갈까봐 혼자 중얼중얼하면서 달달 외었다. 그리고 어깨를 펴고 면접관 앞에 당당하게 앉았다. 너무도 자신 있는 표정이었다.

면접관　자네 이름이 뭔가?

사오정　예! 옛날에는 차범근인데 지금은 박지성입니다.

면접관　(으~음 긴장한 표정으로) 자네 언제 어디서 태어났는가?

사오정　18세기 영국입니다.

면접관　(약이 오를 때로 오른 면접관은 정신 이상한 놈이 면접관들을 희롱한다고 생각하고) 자네 주변에 있는 많은 사람들이 자네를 보고 돌았다고 하지 않던가?

사오정　예. 저는 과학적 근거가 없는 것은 절대 믿고 싶지 않습니다.

강의 때 이 이야기를 하면 대부분 수강자들은 폭소를 금치 못한다. 어떤 수강자는 집요하게 질문을 던진다. 사오정의 합격 여부를 계속 묻는다. 이 자리를 빌어서 합격 여부를 알고 싶은 사람은 개인 판단에 맡긴다.

4월이 되면 겨우내 딱딱하던 나뭇가지마다 경쟁하듯 탱글탱글 맺은 꽃봉우리를 본다. 진달래, 개나리, 벚꽃이 시샘하듯 앞다투어 핀다.

이때쯤이면 어김없이 초등학교 친구들과 모임을 가진다. 계절마다 피는 꽃 얘기하다가 어느 친구는 일찍 피는 매화가 좋다, 그래도 가을에 피는 그윽한 국화가 좋다, 가시는 있지만 장미가 꽃 중의 꽃이다, 오래 피지는 않지만 벚꽃이 으뜸이다 등 저마다 자기 취향에 맞는 꽃에 의미를 부여하면서 열띤 꽃 자랑을 한다.

겨우내 움츠렸다가 일시에 온몸을 불사르듯 피는 꽃이 있고, 오랫동안 인고의 시간을 보내고 겨울 초입에 피는 꽃도 있다. 저러다가 비바람이 불면 속절없이 떨이져 아스팔드에 쓸쓸하게 누운 꽃의 조락을 안타깝게 느끼다가, 쑥부쟁이, 상사화에 이어 그윽한 국화 향기를 느끼는 가을이 온다.

제철마다 피는 꽃의 특성상 좋고 나쁨이 어디 있으랴? 비교하는 자체가 어불성설이다. 저마다의 향기와 아름다움이 배어 있거늘. 꽃향기에 취하다가 자연스레 가정의 얘기로 돌아간다. 가정은 있으나 가족이 없다는 등 자식 자랑과 자신의 못남에 대한 고백이 비빔밥이 되어 속절없이 튀어 나온다. 늦도록 아직 취직을 못한 아들을 둔 친구가 말을 이어간다. 서울 지하철 2호선을 타고 갈 수 있는 명문대학 출신이다.

대학 때는 공부도 잘했고, 스펙도 많이 쌓았다. 그런데 취직을 하려고 고시에 여러 번 응시했으나 계속 낙방했다. 눈높이를 조금만 낮추면 전공도 살리면서 얼마든지 취직도 가능하다고 조언을 해도 막무가

내다. 세월은 기다려주지 않았고 어느새 나이는 30대 중반이 되었다.

눈높이를 낮추어 취직했다면 지금쯤 관리자로 승진하고도 남을 시간이 흘렀다. 결혼하였다면 단란한 가정도 꾸몄을 나이다. 이제 고시는 포기하고 기업 쪽으로 눈을 돌리기에는 나이가 걸림돌이다. 신의 직장이라는 공기업과 정년이 보장되는 공무원 시험으로 취직여행이 시작되었다고 하면서 땅이 꺼질 듯이 탄식한다.

한 해 대학(원) 졸업생 50여만 명 중 공기업이나 대기업 같은 소위 '좋다고 선호하는 일자리'를 얻는 사람은 2만~3만 명에 불과하다. 진학이나 취업의 좌절은 패배감으로 귀결된다.

직업을 선택하는 일이 결코 쉬운 일이 아니다. 직장이냐? 돈이냐? 어떤 일이냐? 결정하려면 첨예하게 대립되는 갈등이 교차된다. 단순하게 돈을 벌기 위한 수단이라고 생각하면 돈을 많이 주는 곳으로 가면 된다. 하지만 직업을 통해 자신의 정체성을 강화하고 사회적 활동에 참여하여 스스로 자존감과 자아실현의 기회를 가질 수 있는 기회를 찾고자 한다면 선택은 매우 신중할 수밖에 없다. 그래서 직업을 선택하기에 앞서 선후배, 스승, 멘토 등 여러 사람들의 조언을 들어보고 자신만의 선택 기준을 가지는 것도 중요하다.

어느 고등학교에서 발간한 '이 땅의 젊은이들에게'라는 소책자에 '직업 선택 10계명'이라는 내용이 기록되어 있다.

1. 월급이 적은 쪽을 택하라.

2. 내가 원하는 곳이 아니라 나를 필요로 하는 곳을 택하라.

3. 승진의 기회가 거의 없는 곳을 택하라.

4. 모든 조건이 갖추어진 곳을 피하고 처음부터 시작해야 하는 황무지를 택하라.

5. 앞을 다투어 모여드는 곳을 절대 가지 마라. 아무도 가지 않는 곳을 가라.

6. 장래성이 없다고 생각되는 곳으로 가라.

7. 사회적 존경을 바랄 수 없는 곳으로 가라.

8. 한가운데가 아니라 가장자리로 가라.

9. 부모나 아내가 결사반대를 하는 곳이면 틀림없다. 의심치 말고 가라.

10. 왕관이 아니라 단두대가 기다리고 있는 곳으로 가라.

학생들에게 이러한 10계명을 금과옥조(金科玉條)로 삼고 가르치는 학교가 또 있을까? 남들이 많이 몰려가는 끝에 반드시 해답이 있는 것이 아니다. 그 긴 줄에 순서를 기다리다가 내 순서가 오지 않을 수도 있다. 그러나 극심한 취업난 속에서 조금 더 나은 직장에 들어가기 위해 치열한 경쟁을 하는 요즘의 분위기를 감안하면 현실성이라곤 거의 찾아볼 수 없는 내용들이다. 나 자신이 소중한 만큼 남도 소중하고 더불어 살아가야 한다는 진리를 학생들이 몸소 익혀 나가도록 하고 있다. 다른 사람 위에 군림하는 사람이 되기보다는 남을 위해 살아가는 사람이 되라는 것이고 또 하나는 '무엇이 되느냐'보다 '어떻게 사느냐'를 가르치기 위함일 것이다. 스스로를 벼랑 끝에 세워 한 번도 손조차 대지도 않았던 자기의 역량을 끌어올려 도전하는 젊은이라면 어떤 회사, 어떤 직위가 중요한 것이 아니라 어떤 일(업)을 하느냐에 도전해야 한다.

첫째로 내가 좋아하는 일을 찾아 진검 승부하는 것이다. 일의 노예가 아니라 일을 리드하는 것이다.

둘째로 그 일에 미치도록 하는 것이다.

셋째로 그 일을 계속 업그레이드하는 것이다.

10계명이 추구하는 의미는 미래를 내다보는 삶, 열정을 이끄는 삶, 그리고 그 열정에 수반되는 아픔을 참아야 한다는 것을 강조한다. 처절하리만큼 아픔의 과거를 가진 애플의 CEO 스티브 잡스의 어록을 읽어 본다면 의미는 더욱 확연해진다.

'돈을 위해 열정적으로 일한 것이 아니라, 열정적으로 일했더니 돈은 저절로 따라오더라.'

3V를
아끼고 사랑하고 실천하라

사례 1. 이 아이는 주위가 산만하고 모든 일을 얼렁뚱땅 대충 처리하며 뭐든지 잘 잃어버리기 일쑤이다. 심지어 아버지가 편지를 부치라고 시켰을 때도 편지를 우체통 대신 쓰레기통에 넣을 정도였다고 한다. 또 그에게 '주의력 결핍 과잉 행동 장애'라는 증상도 있다. 고등학교에 갔을 때 그는 해커가 되었다. 밤마다 매일 동네 컴퓨터 센터로 가서 밤샘하는 일이 잦았다. 학교 선생님들에게도 골칫거리였다. 그러나 그는 호기심이 대단했고, 밤새 컴퓨터와 씨름했고, 도서관에서 며칠을 보내기도 했다.

사례 2. 그녀는 미국 미시시피의 작은 시골 마을에서 사생아로 태어났다. 그녀는 어린 시절을 엄한 할아버지와 할머니의 손에서 자랐다. 그녀는 가난이 싫어 파출부 일을 하는 엄마와 함께 살기 위해 밀워키로 이사했지만, 가난을 벗어날 수는 없었다. 그녀는 9살 때 삼촌에게 처음 성폭행을 당한 뒤로 14살의 나이에 아이를 낳기까지 했다. 그녀는 아이가 몇 개월만에 죽는 아픔을 겪기도 했다. 게다가 그녀는 마약을 한 경험이 있고, 비만을 경험하기도 했다.

이 사례들의 내용을 보면 두 남녀는 상상하기조차 어려운 악조건을 가진 사람들이다. 두 남녀는 어른으로 성장하였더라도 문제가 많은 사람들일 것이라 생각된다. 그러나 그렇지 않았다. 사례1의 주인공은 20세에 마이크로소프트의 CEO가 되었고, 30세에 백만장자가 된 소프트웨어의 황제, 빌 게이츠(Bill Gates)의 어린 시절 이야기이다. "나는 힘이 센 강자도 아니고, 그렇다고 두뇌가 뛰어난 천재도 아닙니다. 나는 단지 날마다 새롭게 변했을 뿐입니다."라는 그의 어록은 유명하다.

두 번째의 사례의 주인공은 토크쇼의 여왕이고, 미국에서 가장 존경받는 여성이며, 타임지가 선정한 인물 중 한사람인 오프라 윈프리(Oprah Gail Winfrey)이다. 그녀는 세상이 정해 놓은 가치나 기준을 송두리째 바꿔 놓은 여성이다. 흑인이고, 그다지 예쁘지도 않고, 비만이며, 어릴 때 견디기 힘든 상처도 입었지만, 그녀는 미국 토크쇼의 안방을 차지했다. 그녀는 신세 한탄하면서 시간을 낭비하지 않고 그렇다고 과거에 얽매이지 않고 자신에게 찾아온 기회를 잡은 것이다.

미국의 심리학자 윌리엄 제임스(William James)는 '우리 시대의 가장 위대한 발견은 인간이 자신의 생각을 변화시킴으로써 삶을 변화시킬 수 있다.'고 했다. 사례의 주인공들은 자신이 나갈 방향을 스스로 찾고 목표를 정하여 자신의 사고와 행동을 변화시키면서 장애물을 극복하고 꿈을 이룬 사람들이다. 이런 사람들을 우리는 '셀프 리더'라고 한다.

10년 전 건축 공사장 주변을 지날 무렵 '악' 하는 어린아이의 외마디 비명 소리에 놀라 그쪽을 쳐다보았다. 공사장에 세워 놓았던 작은 통나무가 남자아이의 몸을 덮친 것이다.

반사적으로 통나무를 치우려고 뛰어가고 있는데 15살쯤 되어 보이는 여자아이가 얼굴이 빨개져서는 통나무를 가볍게 밀어내는 것이 아닌가. 다행히 남자아이는 얼굴과 손등에 찰과상을 입은 정도였다. 그리고 남자아이는 아무렇지도 않다는 듯 옷을 툭툭 털고 일어났다.

나는 깜짝 놀라 다친 곳이 있는지 없는지 그 아이에게 물어보았다. 조금 전 놀란 표정은 없어지고 해맑은 어린아이의 표정으로 "괜찮아요." 하는 것이다.

도저히 가냘픈 여자아이의 체구로는 통나무를 들 수 없을 것 같았는데 어떻게 저 나무를 들어 올렸을까? 너무 신기해서 여자 아이에게 "방금 치운 저 나무를 다시 들어 옆으로 옮겨 볼 수 있니?" 하고 물었다. 그 아이는 아무 말도 하지 않고 방금 덮친 나무를 들려고 하였으나 그 나무는 꿈쩍도 하지 않았다.

"다시 한 번 해 보렴."

여자아이는 다시 그 나무를 들려고 안간힘을 다했으나 역시 나무는 움직이지 않았다.

"다친 남자아이는 누구냐?"

"제 남동생입니다."

여자아이는 동생의 어깨를 토닥거리면서 아무렇지도 않다는 듯 종종걸음으로 걸어갔다. 남매의 뒷모습이 너무도 정겹고 아름다워 보였다. 극한 상황에 맞닥뜨리면 평소보다 몇 배의 능력을 발휘할 수 있다는 얘기를 듣기는 했지만, 그때처럼 눈앞에서 보기는 처음이다.

매일 극한상황을 설정하고 어떤 일을 하고자 하면 불가능한 일은 없을 것 같다. 우리는 자신의 무한한 잠재능력을 잊고 살지는 않는지? 우리는 자신의 장점을 찾지 못하고 단점의 지배 속에서 살고 있지는 않는지? 자신을 너무 과소평가하고 한계에 부딪쳐 실망하는 경우는 없는지?

베토벤은 완전한 귀머거리가 된 이후에 가장 위대한 심포니를 작곡하였다. 헨델은 정신과 건강 금전적으로 완전히 파산된 상태에서 '메시아'를 작곡했다. 처칠은 말을 심하게 더듬는 장애를 극복하고 우리시대에 가장 탁월한 연설가가 되었다. 나폴레옹은 자신의 작은 키를 위대한 정복자가 되겠다는 믿음으로 극복하였다.

셀프 리더가 되기 위해 필요한 3V를 살펴보겠다.

자아상을 개발하라.(Visualize)

적어라. 미래의 자기 모습을 글로 쓴다.

셀프 리더는 상상적 경험(Imagined experience)과 긍정적인 자기 이미지를 반복하여 그린다. 어린아이가 위인전을 읽으면서 훌륭한 자기의 미래 모습을 상상하면서 그리는 것과 같은 것이다. 역도선수 장미란은 시합에 앞서 상대선수를 이기는 모습을 그려보는 명상을 한다.

붙여라. 미래의 나의 모습이 어떤 것인지 잊어서는 안 된다. 그것을 I Will Card에 적어도 좋다. 그리고 잘 보이는 곳에 붙여리. 매일 보는 거울에도 붙여라. 화장실 앞면에도 붙여라. 냉장고에 붙여도 좋다. 수첩에 지참하고 매일 보라. 내 꿈이 이루어 질 때 까지 매일 잊지 말고 염원하라.

자기선언하라.(Verbalize)

외쳐라. 매일 확신을 가지고 열정적으로 자신에게 말한다. 자신과의 대화(Self talk)에서 "~을 나는 할 수 있다. 난 ~을 해내는 능력을 가진 사람이다." 등으로 자신이 가지고 있는 잠재 능력을 찾고 확신한다. 목표가 설정되었다면 글로 써서 잘 보이는 곳에 붙여놓고 매일 읽고 자기선언한다. 또 수첩에 적어서 항상 기억하고 외쳐 보자.

초등학교 때는 유급의 아픔도 겪었고, 키가 작아서 주목받지 못했던 발레리나가 있다. 18세 때 최고 권위의 로잔 콩쿠르에서 1등, 2010년 불가리아 바르나 콩쿠르 금상을 차례로 석권하며 차세대 발레리나로 성장한 박세은씨는 2011년 7월에 파리오페라 발레단 정 단원 입단 시험에서 1등으로 합격했다.

파리오페라 발레단은 미국 아메리칸발레시어터(ABT)와 영국 로열 발레단과 함께 세계 3대 발레단에 꼽힌다. 매년 1명의 정단원만 채용하며 입단 후에는 42세까지 정년이 보장된다. 박세은씨가 세계적인 발레 경연 대회를 휩쓸며 콩쿠르의 여왕으로 성장한 비결은 무엇일까? 여러 가지 요인이 있겠지만 그중에는 훈련 내용을 깨알같이 기록하여 피나는 복기훈련을 한 덕분이라고 한다. 지금도 클래식 음악을 들으면서 발레에 어떻게 접목할까를 상상하고 창의적인 생각을 기록한다고 하니 감탄하지 않을 수 없다.

박씨는 최근 트위터에 "지금은 하루에 몇 십번 주저앉고 일어서고, 그저 힘들다는 소리가 귀찮아질 정도로 너무 힘들지만 훗날 추억의 단상을 더듬어 봤을 때 뿌듯하고 행복해할 모습을 상상하니 힘이 불끈 난다."는 심경을 밝혔을 정도로 힘든 시기를 지나왔다. 나의 재능을 찾아 자기선언하고 글로 쓴 뒤 그것을 지키기 위해 피나는 노력을 하면 이루지 못할 일이 없다는 것을 입증해 보인 발레리나이다.

느껴라. 다른 사람의 영웅(잠재능력)은 잘 보면서 자신의 능력을 보지 못하는 사람에게 던지는 노래가 있다. 가수 머라이어 캐리(Mariah Carey)의 Hero이다. 가사 내용을 보면 긍정적 자기선언의 메시지를 느낀다. 나에게 희망과 꿈을 줄 수 있는 유일한 인물은 나 자신이고, 살아가는 데 필요한 용기나 힘은 나 자신 안에 존재하는 것이며, 나에게 가장 큰 영웅은 나 자신이다. Hero의 가사 첫 소절과 마지막 소절을 소개한다.

There's a hero

If you look inside your heart

You don't have to be afraid

of what you are

당신의 마음속을 들여다 보면

거기엔 영웅이 있어요.

자기 자신 그대로의 모습을

두려워하지 말아요.

So when you feel like hope is gone

Look inside you and be strong

And you'll finally see the truth

that a hero lies in you

그러니 희망이 사라졌다고 느껴지면

자신을 돌이켜 보고 강해지세요.

그러면 마침내 영웅은 자신 안에

존재한다는 진실을 알게 될 거에요.

나에게는 영웅이 있다. 그러나 그 영웅을 방치하면 방전된다. 자신의 꿈을 달성하는 데 공짜는 없다. 꿈에 관련된 서적을 읽고 공부하라. 매일매일 꿈에 가까이 감을 느껴라.

"나는 가난한 무명 시절, 밤마다 올라가 외쳤다. '나는 훌륭한 배우다!' 많은 사람들이 내게 영화를 출연 제의를 해오지만 아직 듣지 못할 뿐이라고 반복해 말한 뒤 언덕을 내려왔다. 그것은 부정적인 생각에 대한 해독제였다."

영화배우 짐 캐리가 말한 자기 암시다.

활력화하라.(Vitalize) 행동하라.

생각한 것을 행동으로 옮기는 것이다. 자아상과 자기선언까지는 누구나 어렵지 않게 실천하지만 행동에서 실패하는 경우가 대부분이다. 백문이불여일견(百聞而不如一見)이고 백견이불여일식(百見而不如一識)이지만 백식이불여일행(百識而不如一行)이라 하지 않았던가? 듣는 것보다 보는 것이, 보는 것보다 느끼는 것이, 느끼는 것보다 행동하는 것이 낫다. 행동으로 옮기지 않는다면 사상누각이나 다름없지 않은가.

악기는 연주 전 조율을 한다. 바이올리니스트를 보면 연주 사이사이에 조금만 소리가 이상하다 싶으면 현의 음정을 다시 맞춘다. 수십 억짜리 스트라디바리우스라 해도 줄 풀린 연주는 실패 그 자체이다. 그런데 우리는 매순간 늘어지는 인생의 줄을 전혀 맞추지 않고 한 달을 보내고 일 년을 보내고 일생을 보낸다. 악기뿐만 아니라 인생도 끊임없이 조율이 필요하다. 꿈을 형상화하고, 그 꿈을 글로 써서 매일 낭독하고, 실천하는 조율이 필요하다. 3V로서 정확한 기준 음정에 나를 맞추는 조율을 끊임없이 해야 한다.

빨리 가려면 혼자 가고,
멀리 가려면 함께 가라

머리 숙인 사람들.

빠른 손놀림으로 게임하는 사람들.

고스톱하다 하차 역을 지나버린 사람들.

영화나 스포츠를 보는 사람들.

부지런히 문자하는 사람들.

드라마 보는 사람들.

메일 보내는 사람들

지하철 풍경이다. 옛날에는 서로 담소하면서 가는 지하철 풍경은 온데간데없다. 마주보는 사람들은 경로석의 노인들뿐이다. 서로 관심이 없다. 오아시스도 없는 사막과 같이 대화가 사라진지도 오래되었다. 서로 주고받는 대화와 간혹 책과 신문 보는 이도 많았는데 요즘은 가뭄에 콩 나듯하다. 지하철 승객들을 보노라면 남녀노소 할 것 없이 고개 숙인 사람들이 대부분이다.

몇 년 후에는 눈과 경추의 이상 증세로 양팔과 어깨의 통증을 호소하면서 정형외과와 안과를 찾는 환자들로 문전성시를 이룰 것 같다. 사색은 없고 검색만 하는 스마트폰 이용자들의 군상이다.

우리는 빠르게 변화하는 정보의 홍수와 환경 속에서 살고 있다. 엊그제 삐삐를 갖고도 신기했는데 어느 장소 어느 시간이라도 전화할 수 있는 모바일폰도 모자라 인터넷 검색도 가능한 스마트폰 시대에 살고 있다. 그것도 모자라 사용자의 얼굴, 눈동자, 음성, 동작을 인식해서 스스로 작동하는 스마트폰으로 진화되었다. 그야말로 손바닥 안에서 놀고 있는 또 다른 세계가 왔다. 세상 누구라도 순식간에 친구를 맺어주는 소셜 네트워크 서비스(SNS)도 등장했다. SNS는 중동의 독재정권을 무너뜨릴 정도의 위력을 발휘한다. 젊은 세대는 TGIF(Twitter- Google - iPhone - Facebook)를 활용한다.

기존의 기술은 새로운 기술로 빠르게 대체되고 있다. 과거 전통적인 사고방식으로 현실에 대응하기가 힘들다는 얘기다. 옛날에는 개인의 능력만으로 획기적인 성과를 이룰 수 있었지만, 요즘은 다양한 개인의 능력들을 결집하여 더 큰 성과를 내야하는 시대다. 전기 전자를 모르는 기계공학은 절름발이나 다름없다. 융합과 통합의 시대다. 다시 말하면 개인차원을 너머 팀원과 함께 상승효과(Synergy)를 창출해야 한다.

옛날 어느 왕이 영주를 초청하여 큰잔치를 베풀었다. 음식은 왕이 마련하고 초대를 받은 사람들은 포도주 한 병씩 가져오도록 했다. 잔

첫날이 되자 초대 받은 사람들이 가져온 포도주들이 큰 그릇에 모아졌다. 그리고 사람들은 식탁에 앉아 왕이 준비한 진귀한 음식을 맛있게 먹은 다음 포도주를 잔에 따라 마시기 시작했다. 그런데 술만이 맹물 같았다. 다들 '나 하나쯤 물을 가져와도 모르겠지.'라고 생각하고 물을 가져온 것이다.

이런 현상은 오늘날에도 동일하게 발생한다. 국경일 기념 행사장을 떠올려보자. 애국가를 합창할 때 어떤 사람들은 목소리는 내지 않고 입만 뻥끗하는 사람이 있다. 목이 아파서라기보다 다른 내빈들이 열심히 하니까 '나 하나쯤이야.' 하며 목소리를 내지 않아도 티가 나지 않는다.

그러나 성과를 창출하는 조직생활에서 '나 하나쯤이야.'는 치명적인 결과를 초래할 수 있다. 조직은 각 개인의 힘이 합쳐져 개인보다 더 큰 성과를 내기를 기대한다. 그러나 실제로 조직 내에서는 '무임승차'하는 사람이 존재한다.

팀플레이를 해야만 생존이 가능한 래프팅 장면을 연상해보자. 가파른 협곡에서 거센 물살을 헤치고 목표지점에 도달하기 위해 팀원 전원이 각자 맡은바 역할에 최선을 다해야 한다. 래프팅은 팀워크를 기반으로 자기의 역할을 하지 못하면 보트는 전복된다. 서로의 책임에 합의하지 않으면 팀의 안전뿐만 아니라 팀의 구성 자체를 위태롭게 만들 수 있다. 그래서 모두가 리더가 되어 팀을 이끌고 가야 한다. 다른 팀원의 패들링(paddling)에 간섭할 수가 없다. 왜냐하면 시시각각으로 달라지는 장애물과 파도가 전 방위에서 다양하게 보트를 향해 엄습해 오기 때문이다. 그야말로 생존의 문제다. 모두가 패들링에 참여하고 순간적인 변화와 급류에 대하여 신속하고 정확하게 판단해야 한다. 거대한 바위와 장애물, 파도, 물의 유속, 물의 깊이 등 주위환경에 대한 정보를 팀원 전원이 소통을 통해 공유해야 한다.

목표와 목적이 뚜렷한 집단을 팀이라고 부른다. 스포츠 팀, 한류를 전 세계에 전파하고 있는 아이돌 그룹, 걸 그룹들도 팀이다. 동물과 곤충의 세계에서도 생존을 위한 팀플레이 사냥방법을 흔히 볼 수 있다. 사냥을 못하면 밀림의 왕자인 사자도 굶어 죽는다.

상호 보완적인 능력을 가진 팀원들이 공동의 목표 달성을 위혜 공동으로 작업하며 그 결과에 대해 공동 책임을 지는 집단이 TEAM(Together Everyone Achieve More)이다. 아프리카 속담에 '빨리 가려면 혼자 가도 된다. 그러나 멀리 가고 싶다면 함께 가야 한다.' '거미줄이 합쳐지면 사자도 얽어맬 수 있다.'라는 말이 있음을 떠올려보자.

조선시대에 의식주에 관련된 문제들을 정리, 체계화한 규합총서(閨閣叢書)에 기러기 이야기가 나온다. 기러기는 신(信)과 예(禮), 절(節), 지(智)의 덕을 갖춘 동물이다.

기러기의 지혜를 후손들에게 자상하게 설명한다. 규합총서의 신,

예, 절, 지를 나름대로 해석한다면, 기러기는 철따라 변함없이 오가니 믿음(信)의 존재요. 이동 때는 서열에 맞춰 대형에서 벗어나지 않으니 질서의 예(禮)를 갖췄고, 한번 정한 짝과 평생을 함께 하니 절개(節)의 상징이며, 보초를 세워 적의 공격을 알리니 지혜(智)의 덕까지 갖췄다.

기러기는 팀플레이를 잘하는 철새다. 추운 겨울을 피해 남쪽 나라에서 보내기 위해 V자 형으로 줄을 지어서 날아간다. 모든 새들이 날기 위해 날개를 퍼덕이면 그 뒤에 있는 새에게 양력이 작용하게 된다. 기러기 떼가 이 형태로 날면, 전체 기러기 떼가 각자 날아가는 것보다 71%정도 쉽게 날 수 있다고 한다.

에너지를 절감하는 효과다. 40,000Km거리를 날다보면 기진맥진하여 대열을 벗어나서 낙오하는 기러기가 발생할 수 있다. 이럴 때는 두 마리의 기러기가 대열을 빠져나와 기진맥진한 기러기를 보살펴 준다. 물론 회복되면 세 마리가 V자 대열을 다시 유지하고 날아가면서 헤어졌던 본대를 찾아 빠르게 합류한다. 본대를 찾지 못하면 같은 방향의 다른 무리의 기러기 떼에 합류한다.

대열에서 리드하던 선두 기러기가 지치면, 대신 다른 기러기가 선두에 서서 난다. 제일 앞에서 리드하는 기러기와 뒤에서 따라오는 기러기는 자주 끼~륵 끼~륵(Honk) 신호(소통)를 보낸다. 리드하는 기러기의 신호는 지쳐서 교대근무를 요청하는 울음이다. 뒤에 있는 기러기가 앞의 기러기들에게 보내는 신호에는 두 가지 의미가 있다. 하나는 속도의 조절이며 또 하나는 격려를 보내는 신호이다. 이것이야말로 자연이 주는 팀의 진정한 의미가 아닌가?

이처럼 기러기는 동서양의 책에서 자주 회자되는 팀 지향적인 지혜의 동물이다.

기러기가 우리에게 주는 지혜는

첫째, 팀에는 서로가 정직하고 신뢰가 있어야 하며,

둘째, 소통이 원활해야 하며,

셋째, 팀에는 상하 간에 질서가 있어야 하며,

넷째, 팀에는 목표를 달성할 때까지 고락을 같이해야 한다는 동지애가 필요하며,

다섯째, 목표달성을 위한 환경변화와 정보에 민감해야 함을 시사해준다.

공동의 목표달성을 위해 다소 능력이 뒤쳐진 팀원이 있을 수 있다. 팀 리더는 지친 기러기에 도움(Helper) 역할을 주듯이 어떤 분야의 지식(Knowledge)이 부족한지, 스킬(Skill)이 부족한지, 태도(Attitude)가 어떤지를 관찰하고 자기계발을 하도록 지원하여야 한다. 선두에 리드하는 기러기는 바람의 저항으로 쉽게 지친다. 지치면 끼~륵 끼~륵 하면서 수직으로 상승하는데, 이 의미는 리더의 자리를 바꿔 달라는 것이

다. 이때 에너지가 남아있는 기러기들이 상승하여 스스로 날아와서 교대근무를 자청하고 자리를 바꿔 준다.

"야! 뒤에서 두 번째 네가 와서 교대해."란 말은 없다.

모두가 리더이다. 지적당해서 마지못해 하는 척하는 일이 아니라 정직과 신뢰를 기본으로 역할을 수행하는 것이다. 동료들의 보살핌으로 회복된 3마리도 V자 형태로 날아가지만 대부분 다른 팀의 기러기에 합류하여 양력을 활용한다. 기득권의 기러기들이 새로 합류한 세 마리의 기러기들에게 인간처럼 갑질(텃세)을 하지 않는다. 어느 지역의 출신인지? 학벌이 어느 정도인지? 누구와 혈연관계가 있는지 묻지도 따지지도 않는다. 이들은 이런 것들이 팀을 해치는 요인이라는 알고 있는 것 같다. 오직 끊임없는 긍정의 소통과 행동으로 실천한다. DNA가 아니라 함께하면 멀리 갈 수 있다는 것을 오래전부터 학습한 결과다.

팀을 해치는 행동과 생각은 다양하다.

'해준다.'는 생각은 자기의 일인데도 불구하고 "내가 윗분을 설득해서 승낙받은 거야. 그 기분 알지?"하면서 생색을 낸다.

'낙하산' 생각은 상사 또는 다른 사람이 해결해 주기만을 바라는 마음이다.

'시간 끌기' 생각은 "답답하면 누군가 하겠지." "시간이 지나면 내가 아니라도 해결되겠지……." "그래도 국방부 시계는 퇴근시간을 향해서 계속 돌아간다."는 식이다.

'뒷다리' 생각은 "내가 도와주면 너의 부서는 잘되겠지만 우리 부서는 남는 것이 뭐 있나?" 하면서 도와주지 못하면서 오히려 고추 가루 뿌리는 것과 같다.

"팀플레이는 승리와 직결된다. 세계적인 스타플레이어들을 다수 보유하더라도 그들이 함께 팀플레이를 하지 않는다면 그 야구 클럽은 10센트의 값어치도 없다."

메이저 리그의 홈런왕인 베이브 루스의 얘기는 팀의 효율성과 중요성을 일깨워 준다.

Part 4

사소한 것에 목숨 걸면

인간관계 박살난다

인생에 너무 늦었거나,
이른 나이는 없다

스마트폰에 띠리링 문자가 떴다. 어느 후배가 보낸 문자 메시지다.

오래전에 선배님께서 주문하신 연말 특별상품 '나이 한 살'을 배송해 드리오니 수취 확인 바랍니다. 상품의 특성상 반품과 수취 거절은 절대 불가합니다. 만약 수취 거절을 하게 되면 그 벌칙으로 주름살을 사은품으로 배송해 드립니다. 주의사항으로는 본 상품을 버리면 내년에 샘플 10살을 몽땅 배송해 드립니다.

경고성 안내 같이 굵은 글자로 쓰여 있다. 발송인은 세월이라는 사람이 보낸 문자메시지다. 물론 후배가 어느 신문에 게재된 내용을 보고 너무 재미있고 의미가 있어 보냈다는 것이다.

계란 두 판이 지난 사람들이 모이면 "이 나이 되도록 아무것도 제대로 해 놓은 것이 없구나……" 하면서 뱉는 긴 한숨이 여기저기서 굴비처럼 주렁주렁 나온다.

세월에 조바심을 해봐도 시간은 기다려 주지 않는다. 오히려 인생의 시간 앞에서 오싹하게 전율만 느낄 뿐이다. 절친한 초등학교 친구들이 하나둘씩 지병이나 불의의 사고로 세상을 떠나는 것을 보면, 남은 인생은 덤으로 살아가고 있구나 하는 생각도 든다. 그렇다고 덤의 시간이라고 마구 소비할 수도 없다.

'내가 헛되이 보낸 오늘 이 시간은 어제 죽은 이가 그토록 간절히 살고 싶어 했던 내일의 시간이다.'

산자와 죽은 자를 대칭해서 절묘하게 토해낸 말이다.

어제 이 세상을 하직한 사람이 있다면 그는 이미 과거의 사람이다. 그 사람 기준으로 보면 우리는 그 사람의 미래에 살고 있다. 그 사람은 아마 오늘 이 시간을 그토록 살고 싶어 했을 하루였을 것이다. 오늘을 사는 우리가 그 사람 기준으로 덤이라고 생각하면서 아무 의미 없이 살아가지 못하는 절박한 이유다. 그 사람의 마음으로 하루하루 살아간다면 이루지 못할 일이 어디 있으랴.

가슴을 벅차게 하는 말이다. 용기를 주는 말이다. 하고자하는 욕
구를 충만하게 하는 말이다. 이런 말들은 우리로 하여금 세상살이 의
미를 다시 생각하게 만든다. 이제까지 단 한 번도 경험하지 못했던 새
로운 방식으로 주어진 시간과 사람들을 대하고 싶어 한다. 인생의 진
지 모드로 전환하게 한다.

세상에는 다시는 돌아올 수 없는 것 세 가지가 있다.

첫째는 우리 입에서 나간 말이다. 한 번 내뱉은 말은 다시는 돌이
킬 수 없다.

둘째는 화살이다. 활시위를 떠난 화살은 다시는 돌아오지 않는다.

셋째는 흘러간 세월이다. 흘러간 세월은 흐르는 물 같아서 제자
리로 돌이킬 수 없다. 그래서 과거의 시간으로 옭아매지 말자. 애증의
마음을 보내는 이 시간조차도 아깝다. 이미 먹어 버린 계란 한 판 두
판……. 여러 판의 나이를 계산해봐도 그 계란은 찾을 수 없다. 이미 죽
은 시간일 뿐이다. 과거는 써 버린 돈이다. 미래는 불확실한 어음이다.
과거의 데이터에 묻혀서 미래를 망치는 사람을 많이 본다. 그런 사람은
시간이 흐르면 현재가 과거가 되고 미래가 현재가 된다는 평범한 진
리를 잊고 산다. 과거는 에너지가 샘솟지 않는다. 개뿔도 열정도 없다.

그렇다면 굳이 얼마나 살았는가가 아니라 얼마나 남아있는가로 셈
을 바꾸어 계산해보자. 역산해보는 것이다. 과연 얼마나 나에게 남아

   배짱이 곧 실력이다

있는가? 한 세기 이상의 수명을 사는 시대에 욕심을 내자. 인명은 재천인데 뭔 소리냐고 하겠지만 절절하게 기대하면 이루어진다고 하지 않았는가. 셈하기 쉽게 평균 수명 80세로 가정해본다면 나는 얼마 남았는가? 남아 있는 역산의 이 시간만이 진정한 나의 희망이고, 열정이 샘솟고, 에너지가 충만해진다.

하루 몇 시간씩 일을 하는가?

하루 몇 시간씩 잠을 자는가?

하루 가족과 함께 보내는 시간은 얼마나 되는가?

그대 인생은 얼마 남았는가?

이 질문이 너무 막연하게 느껴진다면 계산기를 두들겨서 셈해보자. 시간표를 만들어보자. 80세를 놓고 생각해보자. 1년이 하루 24시간 중 18분에 해당된다. 계란 한판(30세)이면 오전 9시. 계란 두 판(60세)이면 18시, 계란 두 판의 나이는 이제 남은 시간은 고작 6시간뿐이다. 어~휴!

그러면 독자 여러분에게 물어보자. 그대의 인생시계는 수산시장의 새벽처럼 많은 사람들이 붐비고 서두르는 이른 새벽의 시간인가? 햇살이 따가워서 서늘한 그늘을 찾는 정오의 시간인가? 아니면 석양에 붉은 노을이 진 저녁 시간인가? 별이 총총히 빛나는 한밤중인가?

그래도 아직 남아 있는 시간에 관심을 갖자. 하루 8시간 잠을 잔다면 이 시간은 내가 통제할 수 있는 시간이 아니다. 물론 더 많이 또는 더 적게 수면을 취하는 사람들도 있겠지만 평균 8시간으로 보자.

그렇다면 80년 중 잠자는 시간, 3분의 1은 셈에서 빼야 한다. 약 27년을 잠을 자는 셈이다. 60세의 나이라면 앞으로 남은 20년의 1/3인 7년 정도 잠자게 된다. 인생 80세를 하루 24시간으로 환산하면 60세의 나이는 18시를 가리킨다. 오후 6시라고 생각하니 바람 빠진 풍선처럼 바싹 오그라든다. 문자 보내준 후배에게 인생의 시간 셈법을 알려 줬더니 "얼마 남지 않았구나. 벌써 석양의 노을이 지는 시간이네? 아직 할일두 많은데." 하면서 탄식한다.

열심히 일한 당신, 떠날 때 받는 금은 전별금과 퇴직금이고, 가진 것은 별로 없어도 나눔을 줄 수 있는 아름다운 금은 기부금이다. 기쁠 때 축하받는 축의금보다 슬플 때 슬픔을 나누는 마음의 부의금이 더 소중한 금이다. 황금, 백금보다 더 값진 금은 함께 살아 있는 지금이다.

그대 지금, 버려진 시간들 속에서 후회하는가? 아니면 얼마 남지 않은 시간에 조바심과 고민에 떡칠하는가?

어느 신문에서 95세 노인의 수기를 읽고 감동 받은 적이 있다. 많은 위안이 되었다. 지금은 주요 포털사이트 검색창에 등록되어 있을 만큼 유명한 글이 되었다. 이 글을 읽을 때마다 망치로 뒷머리를 맞은 것처럼 멍하다가 금방 전율을 느낀다. 탄식만 할 것이 아니라 이 글을 읽고 '지금'을 찾아보자.

나는 젊었을 때 정말 열심히 일했습니다.

그 결과 나는 실력을 인정받았고 존경을 받았습니다.

그 덕에 65세 때 당당한 은퇴를 할 수 있었죠.

그런 내가 30년 후인 95세 생일 때 얼마나 후회의 눈물을 흘렸는지 모릅니다.

내 65년의 생애는 자랑스럽고 떳떳했지만, 이후 30년의 삶은 부끄럽고 후회되고 비통한 삶이었습니다.

"이제 다 살았다. 남은 인생은 그냥 덤이다."라는 생각으로 그냥 고통 없이죽기만을 기다렸습니다. 덧없고 희망이 없는 삶…….

그런 삶을 무려 30년이나 살았습니다.

30년의 시간은 지금 내 나이 95살로 보면 3분의 1에 해당하는 기나 긴 시간입니다.

만일 퇴직할 때 내가 30년을 더 살 수 있다고 생각했더라면 난 정말 그렇게 살지는 않았을 것입니다.

그때 나 스스로가 늙었다고, 뭔가를 시작하기엔 늦었다고 생각한 것이 큰 잘못이었습니다.

나는 95살이지만 정신이 또렷합니다.

앞으로 10년, 20년을 더 살지 모릅니다.

이제 나는 하고 싶었던 어학공부를 시작하려 합니다.

그 이유는 단 한 가지…….

10년 후 맞이할 105번째 생일날!

'95살 때, 왜 아무것도 시작하지 않았는지' 후회하지 않기 위해서입니다.

어느 누가 '인생은 동굴이 아니라 터널이다.'라고 했던가. 꽉 막힌 동굴이 아니라 열심히 달리면 희망을 볼 수 있는 터널 말이다. 그럼에도 불구하고 대체로 인생은 뜻대로 되지 않는다. 어차피 혼자 사는 세상이 아닌 이상 이리 치이고 저리 치이다 보면 목표 지점은 자주 변경되기 일쑤다. 어떤 경우에는 전혀 원하지 않는 곳에 서있는 나를 발견하기도 한다. 그래서 자주 자신을 담금질한다.

인생에 너무 늦었거나, 혹은 이른 나이는 없다고 하지 않았는가?

사람이 늙는 것은 나이가 들어서가 아니라 열정을 담을 목표 그릇이 없기 때문에 늙는다고 한다. 목표가 없는 사람은 목표가 있는 사람의 노예로서 종신형의 선고를 받는 것과 같다. 인생의 비극은 목표를 달성하지 못한 것이 아니라 달성할 목표가 없기 때문이다. 그리고 능력을 갖추지 못해서 일어나는 것이 아니라 가지고 있는 능력을 충분히 발휘하지 못하기 때문이다. 목표가 실현되지 않았다고 해서 가엾게 생각해서는 안 된다. 정말 가여운 것은 한 번도 목표를 설정하지 않는 사람들이다. 그리고 인생은 실패할 때 끝나는 것이 아니라 포기할 때 끝난다. 세월은 당신의 얼굴에 주름살을 주지만 목표를 포기하면 영혼에 주름살을 만든다. 그늘에 방치해 두었던 당신만의 해시계를 햇빛이 들어오는 곳으로 빨리 끌어내라. 언제까지 어두운 곳에서 녹슬게 할 것인가?

인생에
리허설은 없다

———

예일대학교에서 졸업반 학생들을 대상으로 목표를 적어 두었을 때의 나타나는 효과에 대한 연구조사에서 졸업생의 3%만이 글로 쓴 목표를 가지고 있다고 했다. 그 후 20년이 지난 후 설문에 응답한 졸업반 하생들을 대상으로 그들이 어느 정도의 성공을 거두었는지에 대해 설문조사를 했다. 결과는 20년 전 글로 쓴 목표를 가지고 있었던 3%의 학생이 그렇지 못한 97%의 학생들보다 훨씬 월등한 사회적 성공과 부를 이루었다는 사실을 알게 되었다.

현실적으로 뚜렷한 목표를 글로 쓴 3%그룹이 엄청난 부를 누리며 사회를 이끌어 가는 지도자로 나타났다. 졸업생의 10%는 몇 개의 구체적인 목표는 가지고 있었으나 글로 쓰지 않고 마음속에만 가지고 있었다. 87%는 거의 목표를 가지고 있지 않았다.

놀라운 것은 중산층 10%와 상류층 3%그룹이 학력, 재능, 지능 면에서 별 차이도 없다는 사실이다. 두 그룹 사이의 차이점은 목표를 글로 썼는지의 여부에 달려 있다. 그리고 상류층 3%는 중산층 10%에 비해 10배 이상의 탁월한 능력을 발휘했다는 사실이다.

또한 목표를 가지고 있는 10%의 중산층 그룹과 목표가 거의 없는 60%의 서민층 그룹 사이의 재산, 소득, 사회적인 영향력 등의 격차는 2배, 3배, 5배 정도에 불과하지만, 목표를 글로 쓴 상류층과의 격차는 10배, 20배, 30배에 달한다는 사실이다. 그들은 사회 전반에서 주도적 세력으로 성장하고 조직에서는 탁월한 리더십을 발휘하고 있었다.

'스파이더 맨' 별명을 가진 프랑스인 알랭 로베르(Alain Robert)씨의 직업은 고층건물 등반가다. 164cm 키에, 몸무게 57kg의 가냘픈 몸매에 두 손과 두 발에 그의 목숨과 인생과 꿈, 모든 것을 걸고 빌딩을 오른다. 어느 기자가 위험한 빌딩 타기보다 덜 위험하고 가치 있는 일이 얼마든지 있지 않느냐고 물었다. 그는 "나더러 정신 나갔다는 사람도 있다. 내가 하는 일이 쓸모 없다고 하는 사람들이 많다는 것도 안다. 그럼 이 세상에 쓸모 있는 것이 무엇인가? 축구선수? 야구선수? 그리고 수영선수? 아니면 그림 그리는 일이 더 쓸모 있다고 어느 누가 판단할 자격이 있나? 나는 절대로 미치지 않았다. 정말로 정신 나간 사람은 인생에서 꿈을 꾸지 않는 사람들이다."라고 대답했다.

우리나라는 히말라야 산에 목숨을 걸고 14좌 이상을 등정한 사람이 현재 6명 있다.

나라 기준으로 보면 6명은 세계 최초다. 그중 한사람인 엄홍길 대장은 험준한 16좌 정상에 산신령을 만나러 간 것일까? 결코 아니다.

그들은 자신이 설정하고 절절히 염원하고 기대한 목표를 달성하기 위해 정상에 올라간 것이다.

목표를 달성하지 못해서 가장 후회하는 사람들은 어떤 사람들일까? 아마 인생을 마무리하는 사람들일 것이다. 임종을 앞둔 그들의 목표는 어느 누구보다도 진솔할 것이다. 그들을 통해 생전에 어떤 목표를 달성하고자 했는지를 본다면 목표를 설정하는 데 현실적이지 않을까? 인생의 마지막 순간을 눈앞에 둔 사람들이 가장 많이 후회하는 것은 어떤 것일까? 수년간 말기 암 환자를 진료한 일본인 이사이 저서《죽을 때 후회하는 것 25가지》가 일본 네티즌에게 잔잔한 감동을 주었던 일이 있다. 다음은 1,000명의 환자들의 죽음을 옆에서 지켜본 호스피스 전문의인 오츠 슈이치가 자신의 환자들의 눈물을 바탕으로 정리한 내용이다. 말기 암 환자는 신체적 고통도 심하지만 마음에서 오는 고통이 더 심하다고 말한다. 마음의 고통은 대부분 돌이킬 수 없는 후회 때문이라고 한다. 공통적으로 죽기 전에 후회하는 것들의 목록이다.

1. 사랑하는 이에게 고맙다는 말을 많이 했더라면.
2. 진짜 하고 싶은 일을 했더라면.
3. 조금만 더 겸손했더라면.
4. 친절을 베풀었더라면.

5. 나쁜 짓을 하지 않았더라면.

6. 꿈을 꾸고 그 꿈을 이루려고 노력했더라면.

7. 감정에 휘둘리지 않았더라면.

8. 만나고 싶은 사람을 만났더라면.

9. 기억에 남는 연애를 했더라면.

10. 죽도록 일만 하지 않았더라면.

11. 가고 싶은 곳으로 여행을 떠났더라면.

12. 내가 살아온 증거를 남겨 두었더라면.

13. 삶과 죽음의 의미를 진지하게 생각했더라면.

14. 고향을 찾아가 보았더라면.

15. 맛있는 음식을 많이 맛보았더라면.

16. 결혼했더라면.

17. 자식이 있었더라면.

18. 자식을 혼인시켰더라면.

19. 유산을 미리 염두에 두었더라면.

20. 내 장례식을 생각했더라면.

21. 건강을 소중히 여겼더라면.

22. 좀 더 일찍 담배를 끊었더라면.

23. 건강할 때 마지막 의사를 밝혔더라면.

24. 치료의 의미를 진지하게 생각했더라면.

25. 신의 가르침을 알았더라면.

바로 눈앞에 죽음을 앞둔 사람들의 목록이라고 하기에는 너무나 소박하고 절절함이 없어 보이는 목록들이다. 가족, 건강, 감정표현 등 마음만 먹으면 당장 할 수 있는 목록들 대부분이다. 시간과 돈이 많이 드는 일도 아니다. 우리도 저들의 상황과 똑같다면 비슷한 눈물의 목록들을 적어낼까?

앞만 보고 달릴 때는 볼 수 없다가 잠시 멈추면 비로소 보이는 것일까? 그러면 잠시 멈추어서 삶을 설정해보자. 나에게 남은 시간이 6개월 밖에 없다면 제일 먼지 하고 싶은 것은 무엇일끼?

더 이상 가족과 친구들을 6개월 밖에 만날 수 없다는 슬픔보다도 해보고 싶은 일들이 많을 것이다. 가족과 함께 세계 각국의 비경을 보고 싶을 것이고, 어떤 이는 맛있는 음식을 실컷 먹고 싶을 것이고, 멋진 연애도 해보고 싶을 것이다. 그동안 오해로 헤어졌던 친구에게 전화해서 안부도 묻고 싶을 것이다. 자녀들에게 왜 따뜻하게 대하지 못했던가 후회도 할 것이다. 남아 있는 시간은 얼마 되지 않지만 후회를 조금이라도 덜고 아름다운 마무리를 하고 싶은 마음은 누구나 같을 것이다.

죽기 전에 하고 싶은 목록을 적은 것이 버킷 리스트(Bucket List)다.

   배짱이 곧 실력이다

몇 년 전 개봉된 영화 '버킷 리스트'를 두 번이나 보고 착잡한 마음을 주체할 길이 없었다. 맹목적으로 앞만 달리고 있던 나에게 삶의 정체에 대한 강한 메시지를 주었다. 이 영화의 주제는 남아있는 1년의 삶 중에서 먼저 '나는 도대체 누구인가'를 정리할 필요가 있다는 것과 얼마 남지 않은 시간 동안 '내가 하고 싶던 일을 맘껏 다 해보자'는 것이었다. 어쩌면 한낱 꿈에 불과했던 주인공 카터의 버킷리스트였지만 재벌 사업가인 에드워드의 돈과 어우러져 그것을 실행하기 위해 병원을 뛰쳐나간다. 절박하고 한정되고 예고된 나의 삶의 정체성을 확인하는 순간이다.

몇 번의 이혼 경험이 있지만 혼자 살고 있는 에드워드와는 달리 카터는 당연히 가족들의 심한 반대에 부딪치지만 이미 결정한 그의 고집을 꺾지는 못한다. 제일 먼저 그들은 스카이다이빙에 도전하게 되었고, 과감하게 비행기에서 뛰어내린다.

이어서 호랑이 사냥하기에도 도전해보지만 총 한번 쏴보는 것만으로도 둘은 만족해한다. 아름다운 여성과 키스하기 항목은 손녀와 뽀뽀로 대신하고, 카레이싱에도 도전하고, 그리고 그들은 비싼 차를 다 망가트릴 정도로 맘껏 즐긴다. 이어서 오토바이로 만리장성 질주하기와 피라미드 찍고 타지마할 구경하기 등 이렇게 미리 만들어 놓은 버킷리스트를 실행하기도 하지만 그들만의 여행을 통해 새로운 리스트들도 그들의 버킷리스트에 새롭게 담겨진다. 그리고 하나하나 버킷리스트의 목록을 지워 나가면서 우정을 떠나 두 사람은 많은 것을 나누게 된다. 인생의 기쁨과 삶의 의미를…….

이 영화는 우리에게 미리 버킷 리스트를 작성해 보라는 메시지를 준다. 후회 없는 삶을 살기 위해 꿈의 목록을 미리 작성할 필요가 있음을 강조한다. 당신이 하고 싶은 것, 되고 싶은 것, 가지고 싶은 것, 나누고 싶은 것은 무엇인지를 당장 적어보라는 것이다. 어쩌면 우리의 삶이 많이 남아 있다고 믿는 우리에게 '우리가 가장 많이 후회하는 선 살면서 한 일이 아니라, 하고 싶은데 하지 않은 일이다.'라고 귓가에 대고 슬그머니 속삭이는 것 같다.

우리에게 남은 시간은 얼마나 될까?

내가 평생을 통해 해 보고 싶은 일은 무엇일까?

당신은 하루의 시간을 어떻게 사용하는가?

삶을 돌이켜 볼 틈도 없이 바쁜 생활을 하는가?

남보다 더욱 더 열심히 해서 좀 더 윤택한 생활을 위해서 노력하고 있는가?

당신이 추구할 가치가 있는 꿈을 찾았는가?

목표를 가지고 있다 하더라도, 그 목표를 마음속에 간직하고 있는 것보다는 글로써 구체적으로 적어서 간직한다면 그 효과는 더 크다고 할 수 있다. 글로 적어둔 목표를 가지고 있다는 것은, 실천하겠다는 의지의 첫걸음이자 자기선언이다. 목표를 이루는 데 있어서 장애는 있을 수 있지만 장애는 걸려서 넘어지라는 것이 아니라 뛰어 넘으라는 것이다.

목표만 분명하다면 그 장애를 넘을 수 있는 방법은 반드시 있다. 앞문이 닫혀 있다면 뒷문을 열어보고 뒷문이 닫혀 있다면 창문을 깨뜨려야 한다. 인생이 아름다운 것은 목표에 도전하는 사람들이 있기 때문이다. 성공한 사람들은 실패 전문가다. 쓰라린 실패의 경험 없이 성공한 사람 없듯이 한 사람의 인생은 한순간이 아니라 전 생애로 대답해야 하는 것이다. 분명한 것은 인생에 리허설이 없다는 사실이다.

당신에게
남겨진 시간은?

여성 수강자 한명을 지명해서 "오늘 이 자리에 오기까지의 당신의 삶의 궤적을 1분 동안 요약해서 설명해 주시겠습니까?"라고 부탁하면 잠시 머뭇거리다가 출생부터 오늘의 자신이 있기까지의 발자취를 잘 실명한다. 왜냐하면 이미 경험한 과서의 스토리이기 때문이다.

그러나 "몇 살까지 살고 싶습니까?" 하고 미래에 관해 질문하면 매우 당황하는 수강자가 많다. 간혹 이 질문에 대해 생각해보았다는 수강자도 있다. 그러나 가뭄에 콩이 날 정도로 적은 숫사에 불과하다. 대부분 생각해본 적이 없다고 얘기한다.

그래도 "오늘 이 자리에서 생각해 보십시오?" 하면

"남녀의 평균 수명이 몇 살입니까?"라며 오히려 강사에게 반문한다.

"남자는 약 78세, 여자는 약 85세입니다"

"저는 90세까지 살고 싶습니다.""

"그러면 앞으로 몇 년 남았습니까?"

"67년 남았습니다."

"꽃다운 23세이군요."(수강자들 웃음)

"67년 동안 하고 싶은 일 세 가지만 소개해주십시오."

"…………"

대부분 생각해본 적이 없다고 한다. 사실 이 질문을 분석하면 두 가지로 나눌 수 있음을 쉽게 안다. 그 하나는 과거에 관한 질문이다. 그리고 미래에 대한 질문이다.

"오늘 이 자리는 과거의 얘기를 하고자 하는 시간이 아닙니다. 어느 시점에 어떤 자리에서 어떤 지위로 어떻게 살아 왔던 과거는 참고 사항입니다. 다시 말하면 인생에서 돌이킬 수 없는 죽은 데이터들입니다. 여기에 연연하지 마십시오. 여기에는 희망이 없습니다. 그러나 미래는 우리에게 에너지를 보내줍니다. 그 에너지는 생각하고 갈망하는 사람에게만 비밀스럽게 옵니다."

누구든지 이 지구를 한 번밖에 통과할 수없는 인생을 꼭 디자인해야 할 이유가 여기에 있다.

다음 질문에 따라 미래의 삶과 이미 사용한 삶의 시간을 정리해보자.

남아 있는 일수에서 '어찌할 수 없는' 잠자는 시간을 제외하면 얼마나 남았는가?

더구나 남아 있는 일수에 TV를 보는 시간, 사회생활을 하면서 보내야 할 시간까지 제외하면 나만이 쓸 수 있는 오붓한 시간은 얼마나 될까? 가족과 함께 행복을 추구할 일수와 시간은 생각보다 그리 많지가 않다.

한국과 중국, 일본에서 자생하는 모죽이라는 대나무는 제아무리 주변 환경이 좋아도 씨를 뿌린지 5년이 지나도록 눈에 띄는 변화가 없다고 한다. 이 같은 현상에 대해 의문을 가진 사람들이 모죽의 씨앗을 뿌린 주변 땅을 파 보았는데 놀라움을 금치 못했다고 한다. 놀랍게도 모죽의 씨앗이 5년 동안 사방으로 뿌리를 뻗어 주변 10리가 넘는 땅에 기초를 다져 나간 것이다. 다섯 해가 날 무렵, 모죽의 죽순은 어느 순간부터는 하루에 25~30센티씩 무서운 속도로 자라나서 나중에는 길이가 무려 30m도 넘는다고 한다. 결국 모죽은 5년 동안 자라지 않았던 것이 아니다. 땅속에서 5년 내내 자신을 드러내지 않고 크고 튼튼하게 자라기 위한 준비를 했던 것이다.

이 이야기는 잠재적 능력을 다지고 기초가 든든하면 성장의 속도는 누구보다 빠르다는것을 보여준다. '시작이 반'이라는 말도 있지만 준비가 철저하면 시작은 반이 아니라 그 이상이 될 수도 있다는 교훈을 주는 이야기이다. 철저한 준비와 기다림 후의 결과는 그 무엇으로도 표현할 수 없을 만큼의 가치를 더한다.

김연아 선수와 박지성 선수의 피나는 노력 등 운동선수들의 노력들이 그것을 뒷받침해 주고 있다. 세계적인 선수도 평생 한 번도 우승

   배짱이 곧 실력이다

하기 어렵다는 미국 PGA에서 양용은 선수가 아시아인으로는 처음 메이저대회 우승을 차지했다. 그때 외신들은 '세계적인 최대의 이변'이라고 보도했다. 그러나 양용은 선수는 골프장 알바 생활을 시작으로 18년간 준비를 했다고 한다. 결국 그의 메이저대회 우승은 이변이 아닌 준비와 기다림이 가져다준 결실이다. 철저한 준비와 기다림의 결과는 운동뿐 아니라 예능계 등 우리의 삶 전반에서 증명되고 있다. 우리의 인생 목표도 모죽과 닮았다고 생각한다.

니미츠라는 미국 해군 소위가 있었다. 한번은 미국 해군 대장이 니미츠가 근무하는 함대를 방문하게 되었다. 그런데 대장이 행사장에 도착하기 직전 계급장이 망가지는 바람에 전전긍긍하게 되었다. 그래서 대장 계급장을 혹시 가지고 있는 사람이 있으면 즉시 신고하라고 전 함대에 무전을 쳤다.

물론 함대에는 대장이 없었기 때문에 큰 기대는 하지 않았다. 그런데 작은 함정에서 대장 계급장이 있다는 연락이 왔다. 그래서 부랴부랴 계급장을 달고 행사를 무사히 잘 치렀다. 행사가 끝난 후 함대 내에 누가 대장 계급장을 가지고 있었는지가 궁금했다. 그는 햇병아리 니미츠 소위였는데, 소위로 임관할 때 애인이 선물로 준 대장 계급장을 항상 가슴에 품고 인생의 목표로 삼았다. 훗날 그는 염원했던 목표대로 해군 대장으로 승진하였고 미드웨이 해전에서 일본 전함을 대파하여

제2차 세계대전을 종식시키는 데 크게 공헌한 전쟁 영웅의 한 사람이 되었다. 당연히 애인은 미 해군 대장의 부인이 되었다.

우리의 앞날을 예견하는 가장 좋은 방법은 스스로 미래를 창조하는 것이다. 미래를 창조하는 시발점은 자신이 기대하고 있는 목표들이 장래 어떤 영향을 가져온다는 것을 깨닫는 것이다. 인생의 주된 목표를 실현하기 위해서는 자신이 생각한 것을 목표와 통합하는 것이 중요하다. 목표를 설정하는 방법에는 몇 가지 지혜가 필요하다.

1. 삶에서 자신이 진정으로 원하는 것을 결정하고 적어보자.
2. 자신이 개발하고 싶은 성격과 특성들을 적고, 어떤 사람이 되고 싶은지 결정한다.
3. 자신이 성취하기 위한 중기 목표(3년~5년)와 장기 목표(5년 이상)를 결정한다.
4. 장기적인 목표를 달성하기 위한 단기적인(1년 이하) 목표를 정한다.
5. 이러한 목표를 실현하기 위한 전반적인 계획을 수립한다.
6. 하루하루를 유용하게 쓸 수 있도록 시간관리 방법을 배운다.

'꼭 이렇게 해야 되냐?'고 반문하는 사람이 있다. 이런 사람들의 특징은 수많은 목표를 계획하였고 실천하는 데 인색한 사람들이 대부분이다. 그러나 지금 당장 결정하지 않는다면 자신의 목표실행은 뒤로 미루어지게 되고 결국 실현하지 못할 것이다. 사실 가장 현명한 결정은 시간에 쫓겨 이루어진다. 그래서 신속한 결정은 가장 좋은 결정이 되기도 한다. 그리고 그것은 결정을 하지 않는 것보다 훌륭하다. 그리고 자신이 결정한 목표와 계획은 필요에 따라 언제든지 바뀌어질 수 있다.

중요한 것은 자신이 항상 목표를 향해 계속 노력하고 있다는 사실이다. 그렇게 할 때 삶의 의미가 더해진다. 삶의 목표를 실현하기 위해서는 삶의 영역을 정해야 한다. 물질적 목표와 정신적 목표를 분리할 수 없듯이 직장의 목표와 가정의 목표도 분리할 수 없다. 그것들은 서로 관련되어 있고 밸런스를 유지하는 것이 바람직하다.

다음 항목에 대한 목표와 계획을 수립해보자.

건강(운동하기, 담배 끊기, 건강을 해치는 음식과 습관, 태도 고치기 등)

자기계발(외국어, 라이선스 취득, 전문지식 등 함양 등)

가정(가족과의 소통, 부모와의 소통 등)

경제(저축, 노후 준비 등)

사회관계(사회단체 참여, 타인배려, 봉사활동 등)

정신(정신적 성장, 신념. 종교 등)

목표설정은 SMART원칙에 따라 작성하면 효율적이고 효과적이다.

목표는 구체적이어야 한다. (Specific)

목표는 상세하고, 집중적이며, 방향이 분명해야 한다. 무엇이 성취되고 달성되어야 하는지에 대하여 누구나 분명하게 인식할 수 있어야 하며, 또한 목표의 세부 사항이 글로 작성되어야 한다. 목표의 구체성이 없으면 나침판 없이 표류하는 선박과 같다.

목표는 측정 가능해야 한다. (Measurable)

목표는 달성 시기를 알게 해주는 비교 방법이 되어야 한다.'매일 운동하자.'보다는 '매일 몇 킬로미터를 뛰자.'처럼 구체적으로 적고 실행하여야 한다.

'날씬해지자.'보다는 '1개월에 2킬로씩, 6개월에 12킬로의 체중을 줄인다.'로 표현한다. 두루뭉술하게 작성하면 목표가 달성되었는지를 측정할 수가 없다. 이런 용어는 측정결과를 나타내기에는 기준이 모호한 표현이다. 목표의 구비조건은 무엇을, 얼마만큼, 어느 수준까지 수치화해서 측정 가능해야 한다.

목표는 행동 지향적이어야 한다. (Action-Oriented)

'낭비하지 않는다.'보다는 '매주 월요일에는 은행에 가서 오만원 이상 저축한다.'로 행동 중심적이어야 한다. 이는 목표달성에 있어 행동이나 성과, 실행, 또는 결과를 낳게 되는 어떤 것을 표현한다는 의미다. 다시 말해서 목표에 도달하기 위해 무엇을 할 것인지 구체적으로 표현되어야 한다.

목표는 현실적이어야 한다. (Realistic)

목표는 결과를 개선하고 달성하도록 동기를 유발시켜야 한다. 그러기 위해서는 목표는 실현가능성이 있어야 한다. 지나친 목표나 불가능한 목표는 의욕을 잃게 하고 좌절시킨다. 그러나 목표가 너무 쉬워도 안 된다. 쉬운 목표는 달성하기 어려운 목표보다 더 의욕을 떨어뜨릴 수도 있다. 운동할 때 약간 숨이 찰 정도로 목표를 상향 설정한다.

우리는 가능성이 희박할 때 '언젠가'라는 말로 우회적인 표현을 쓴다.

통조림도 유통기한이 있듯이 목표도 '몇 달 안에' '올해 안에' '며칠까지' 하겠다고 날짜와 데드라인을 제시해야 한다. 계획의 첫 단추는 구체적인 시간을 설정하는 것이다.

마감기한이 없으면 일을 뒤로 미루게 되는 경향이 있다. 오히려 시간의 제약이 행동을 완료하도록 촉진하는 역할을 한다.

템플대학의 설립자인 러셀 콘웰 박사는 고대 페르시아의 농부 알리 하페드의 이야기를 들려주면 성공을 멀리서 찾지 말고 가장 가까운 자신에게서 찾으라고 한다.

알리 하페드는 비옥한 땅을 소유한 부자 농부이다. 그러던 어느 날 연로한 사제가 하페드에게 다이아몬드가 얼마나 가치가 있는지를 설명했다. 순간 알리 하페드는 자신이 초라하고 부족하게만 느껴졌고 다이아몬드 광산을 개발하여 부자가 되기를 결심했다. 알리 하페드는 자신의 비옥한 농장을 팔고 다이아몬드를 찾아 멀리 떠났다. 수년 동안 다이아몬드를 찾아 헤맨 끝에 그는 빈털터리가 되었다. 거지로 전락한 알리 하페드는 비참한 자신을 한탄하고는 자살을 한다. 한편 알리 하페드의 농장을 샀던 농부는 어느 날 낙타에게 물을 먹이려고 정원으로 데리고 나갔다. 낙타가 물을 먹고 있을 때, 그 농부는 흐르는 물속 하얀 모래 속에서 묘하게 반짝거리는 것을 본다. 그는 손을 뻗어서 빛을 반사시키고 있던 돌을 물속에서 꺼냈다. 돌 속에서 다이아몬드가 발견되었다. 그 자리에서 다이아몬드 광산이 개발된 것이다. 알리 하페드가 굶주림과 파멸에 이르렀던 낯선 땅으로 여행을 떠나지 않고 자신이 소유하고 있는 농장에서 그의 밭을 팠더라면, 수많은 다이아몬드를 갖게 되었을 것이다.

성장과 변신의 가능성에 울타리를 치지 말고 그대의 다이아몬드

원석을 찾아야 한다. 그 원석은 멀리 있는 것이 아니라 가장 가까운 자신의 목표 속에 묻혀 있다. 원석을 캐내어 다듬어야 황홀한 빛을 내듯이 당신의 목표도 녹슬기 전에 찾아내어 갈고 닦아 보자.

운전자는 신호등을 꼭 준수해야 한다. 빨간색은 정지 신호다. 초록색은 진행이다. 노란색은 잠시 멈춤이다. 우리 삶도 세 가지 신호등의 반복이다.

약속했던 목표에 있어 자신감을 상실한 빨간색 신호등을 많이 가지고 있는 것은 아닌지?

자신이 없어 머뭇거리는 노란색의 신호등을 많이 가지고 있는 것은 아닌지?

설정한 목표대로 진행하는 초록색의 신호등을 많이 가지고 있는지?

우리는 싫으나 좋으나 세 가지 길 중 하나를 선택하여야 한다. 왜냐하면 인생에 재탕이 없고, 가진 것은 오늘 뿐이기 때문이다. 성공의 길, 실패의 길, 아니면 지금 그대로의 길 중에서…….

삶은
외상값이다

“스트라이크.”

박수가 쏟아진다.

“볼.”

아쉬워히는 소리가 어기저기서 들린다.

“투수가 커브볼을 보냈어야 하는데…….”

“아니야, 빠른 직구를 보냈어야 했어.”

야구는 한 편의 삶의 드라마다. 삼진 아웃, 안타, 포볼, 홈런 등이 각본 없이 등장한다. 운 좋게도 투수의 폭투로 출루하는 행운도 있다. 야구는 연장전이 없을 경우 9회까지 가면 종료된다. 투수는 타자에게 다양한 볼을 보낸다. 타자 모르게 사인을 주고받는다. 안타 치고 출루하는 것이 쉽지 않다. 그렇다고 타자는 절대 포기하지 않는다. 우리의 삶도 투수가 보내는 다양하고도 예상치 못한 커브볼을 접할 때가 많다.

신이 세상을 창조하면서 당나귀, 개, 원숭이, 인간에게 똑같이 30년의 수명을 주었다. 그런데 당나귀, 개, 원숭이는 30년이 너무 길다며 수명을 줄여 달라고 애원했다. 그래서 신은 당나귀는 12년, 개는 18년, 원숭이는 20년으로 각각 수명을 줄여줬다. 반면 30년이 너무 짧다고 생각한 인간은 수명을 늘려달라고 애원했다. 자비로운 신은 당나귀, 개, 원숭이에게 줄여준 시간을 전부 인간에게 주었다. 그 결과 인간은 70세까지 살게 됐지만, 처음 30년은 인간처럼 살고, 이후 18년은 당나귀처럼, 다음 12년은 개처럼, 마지막 10년은 원숭이처럼 살아야 하는 신세가 되었다. 그래서 인간은 타고난 첫 30년은 행복하고 건강하게 산다. 그 다음 18년은 당나귀에게서 받은 생애다. 그래서 쉬지 않고 일하고 채찍질을 당하며 일상의 짐을 지고 살아가는 것이다. 그 다음 12년은 개에게서 받은 생애다. 양지에 엎드려 웅얼거리고 으르렁거리거나 졸며 지낸다. 나머지는 원숭이에게서 받은 생애다. 비로소 이때가 되면 자유로워진다. 자기 좋을 대로 행동하지만 이미 누구의 관심도 받지 못하는 천덕꾸러기가 된다. 모든 관절이 녹슨 문짝처럼 삐걱거리고 겨우 걷고 먹을 수밖에 없게 될 때, 비로소 자유로워진다는 것이다.

≪헨젤과 그레텔≫로 유명한 19세기 독일 작가 그림 형제가 쓴 우화집에 나오는 이야기다. 차라리 70세를 넘은 뒤의 삶은 덤이라고 생각하면 오히려 마음의 여유가 생긴다. 지금은 당나귀, 개, 원숭이의 수명도 많이 늘어났지만 이 우화가 주는 의미는 삶의 라이프 사이클을 암시하면서 인생은 디자인이 필요하다는 것을 강조한다.

나이아가라 증후군이 있다. 삶을 강물에 비유한 내용이다. 많은 사람들은 어디로 가겠다는 구체적인 결정을 하지 않은 채 그냥 인생의 강물에 뛰어든다. 얼마 내려가지 않아서 여러 가지 사건, 두려움, 도전 등 이런저런 일에 맞닥뜨리게 된다. 더 큰 강으로 들어가는 분기점에서도 어디로 가기를 바라는지, 또 어느 방향으로 가야 좋은지 의식적으로 결정하지 못한다. 그냥 물줄기를 따라 흘러갈 뿐이다. 자신의 가치관이 아닌 주변 환경에 휘둘리는 집단의 일원이 된다.

결과적으로 잘못되어 가고 있음을 느낀다. 이렇게 무의식적인 상태로 살고 있다가 어느 날 갑자기 물살이 빨라지고 요동을 치는 소리에 놀라 깨어나게 된다. 그리고 그때 바로 몇 미터 앞에 나이아가라 폭포가 있음을 발견하지만 배를 저을 노조차 갖고 있지 않다. 그제야 '아~!' 하고 한탄하지만 때는 이미 늦었다. 그들은 물과 함께 폭포의 낭떠러지로 추락한다. 그것은 감정의 추락이기도 하고 신체적인 추락, 또는 경제적인 추락이 될 수도 있다. 어떤 도전을 맞고 있었더라도 상류에 있을 때 더 나은 결단을 내렸더라면 그 문제를 예방할 수 있었을 것이다.

사람은 무엇으로 사는가? 나는 가끔 사는 게 막막해진다. 아침에 눈을 뜨면 나에게 주어진 하루를 어떻게 견디어야 할지, 끝없이 이어진 날들을 어떻게 채워 가야할지, 하늘이 내 목숨을 거두어 가는 날까지 내 삶에 최선을 다하는 것이 스스로에 대한 예의라면 남은 날들을 어떠한 이유를 만들어 살아가야 하는지 묻지 않을 수 없다.

복잡한 길도 잘 가르쳐 주는 자동차의 내비게이션처럼 인생의 내비게이션이 장착되어 있으면 얼마나 좋을까? 도대체 삶이란 무엇인가? 젊은 때는 시계추처럼 시간되면 일어나 학교에 가고, 그러다가 끝나면 다시 돌아왔다. 목적 없이 청춘의 시간을 소비한 날이 얼마였던가? 꼭 이루어야 되겠다는 것도 없었고, 어디로 가야할지를 몰랐고, 무엇을 어떻게 시작해야하는지 생각조차 하지 못했다. 매일 쫓기듯 살았다.

주변 친구들이 직장생활을 하는 것을 보고 무작정 뛰어들어 직장생활을 했다. 상식을 모두 따라야만 하는 생활의 관성과 안일한 본능에 취했다. 퇴근 후에는 동료들과 한잔 걸치고 하숙집에 들어오면 죄 없는 TV 리모컨만 괴롭혔다. 그러다가 아침에 출근하고 또 퇴근한다. 주말이면 결혼식, 돌잔치, 집들이 등 애경사에 바쁘게 뛰어다녔다. 주말이 평일보다 더 바쁘다. 매일 반복되는 일 속에서 많은 사람들을 알게 되었다. 업무와 인간관계속에서 귀중한 시간을 갈등으로 낭비했고, 권모술수에 비애를 느끼기도 했다. 매월 25일에는 월급을 받으니 기분이 좋았다.

다람쥐 쳇바퀴를 돌듯이 청춘시절을 이렇게 보냈다. 근무 3년째 사직서를 내고 K대 한의대 본과 1학년에 지원하여 입학하였다. 그러나 학비와 생활비를 충당할 길이 막막했다. 한의대는 중도 포기하고 다시 직장생활을 하면서 K대 교육대학원에 입학했다. 대학원을 졸업하면 고향으로 돌아가 교직에 몸을 담으려고 마음먹었다. 그러나 학교와 직장의 이중고에서 불가피하게 대학원을 일 년만에 포기했다. 그러다가 남들이 하는 승진도 했고 결혼도 했다. 자녀들은 하루가 다르게 성장했고 그들도 나와 똑같은 길을 걸으리라 믿었다. 이제 나이는 중년에 들어 노후를 걱정하는 시기가 되었다. 어느 선배는 사업 실패로 이산가족이 되어 깊은 수렁에서 허우적거리고 있고, 병상에서 질병의 고통에 신음하는 이, 예기치 않은 사고로 유명을 달리한 이도 있다. 인생의 소풍을 끝내기 전에 하고 싶은 얘기를 전달하지 못하고 간 친구도 있다.

이제 계란 두 판을 넘어선 길목에서 과거의 흔적을 반추해 본다. 만약 타임머신으로 과거로 돌아가서 인생을 다시 시작하면 지금의 삶의 궤도를 수정하여 원하는 방향으로 갈 수 있을까? 어떤 이는 떨어지지 않는 그림자처럼 현재와 똑같은 길을 걸을 거라 말한다. 그렇다면 미련을 두지 말자. 이렇게 걸어온 길이 예정된 나의 삶의 여정이라면 아직 남은 시간에 궤도를 수정하여 원하고자 하는 행복을 찾자.

삶은 한마디로 잘라 말하기에는 어려운 명제임은 틀림없다. 각자가 매듭을 풀어 가야할 긴 여정이다. 홍수처럼 쏟아지는 대중가요의 주제는 대부분 사랑이지만 가뭄에 콩 나듯 인생과 삶의 노래들도 있다.

'인생은 나그네길.' '인생은 미완성.' '타타타.' 등 그것이다.

고인이 된 법정 스님은《일기일회(一期一會)》라는 책에서 지금 이 순간은 생애 단 한 번의 시간이며, 지금 만남은 생애 단 한 번의 인연을 뜻하는 것이라 하였고, 김수환 추기경은 '삶이란 무엇인가?'라는 강연에서 열차 안에서 계란을 팔 때 외치는 한마디에서 삶의 의미를 찾았다고 한다.

"계란 있습니다. 삶은 계란! 입니다."

웃어넘기기에는 재치가 있다. 삶은 계란인 것을!

가끔 미물이나 동물들에게서 자연의 섭리를 거슬리지 않고 순리대로 살아가는 삶의 지혜를 얻을 수 있다. 계란이 병아리가 되기 위해 부화하기까지 걸리는 시간은 3주 정도다. 어미 품 안에서 부화를 꿈꾸는 병아리는 인고의 시간을 보낸다. 어미 닭은 따뜻하고 안전하게 계란을 품는다. 그냥 품는 것이 아니다. 품으면서 계란 속의 신호음을 경청한다. 빨리 만나고 싶다고 해서 부리로 부화 중인 계란을 쪼아대거나 깨뜨리는 일은 절대 없다.

병아리는 자기만의 알속에서 빠져 나오려고 싸운다. 태어나기를 원하는 병아리는 알속의 세계를 파괴하지 않으면 새로운 세상을 볼 수 없다. 21일쯤 계란 속의 병아리는 껍질을 쪼면서 바깥 세상을 보고 싶다는 신호를 계속 어미에게 보낸다. 여린 부리로 껍질을 깨고 나온다는 것은 고통이다. 그러나 미지의 세상으로 나오기 위해 아물지도 않은 부리로 단단한 껍질에 톡톡톡 신호음을 보낸다. 고통이 따를 것이다. 신호음을 들은 어미는 계란껍질 아무 곳이나 쪼지 않는다. 단단한 부리로 잘못 쪼아서 병아리에게 상처를 줄 수 있으니까. 정확하게 병아리가 쫀 위치에 맞추어 동시에 탁 탁 쫀다. 압축하여 표현하면 줄탁동시(啐啄同時)다.

모든 생명은 산고 없이 태어나지 않는다고 하지 않았는가. 이때 알을 깨고 세상을 만나는 병아리의 첫소리는 삐약 삐약이다. 삶을 향하는 절규다. 일직선으로 갈 필요는 없다. 하루에도 수백 번 수천 번 삐약 삐약(飛躍 飛躍)한다. 비약(飛躍)하면서 성장한다.

왜 사는가?
왜 사는가…….
외상값.

황인숙의 시 '삶' 전문이다. 단 석 줄로 삶을 간명하게 정리하는 이 시는 자꾸 읽어볼수록 가슴이 저려온다. 첫 행의 물음표는 삶에 대한 의문, 두 번째 행의 말줄임표는 이루어지지 않는 꿈의 좌절과 스스로에 대한 실망감, 그리고 마지막 행의 마침표는 어찌할 수 없음으로 인한 체념과 살아가지 않을 수 없는 이유로 해석할 수 있다. 또한 이 시에서 외상값은 마음의 빚, 사랑의 빚, 관심의 빚, 이웃에 대한 빚…….
그런 외상값 때문에 살아야 하며, 그게 삶이라는 것이다.

누구에게나 마음의 빚은 있다. 마음으로 빚진 자를 대하기가 어려운 것이 사람 마음이다. 나도 다른 사람에게 빚을 놓아야겠다. 태어날 때부터 채권자로 태어난 사람은 없다. 모두가 채무자가 아닌가?

사소한 것에 목숨 걸면
인간관계 박살난다

비행기를 타기 위해 대합실에 앉아 있는 중년의 남녀가 있다. 그들은 서로 모르는 사이지만 우연히 탁자를 끼고 좌우에 앉아 있다. 탁자 위에는 비스킷이 놓여 있고 여성은 맛있게 그것을 먹고 있다. 또 먹으려고 보니 비스킷을 옆에 있는 남성이 먹고 있지 않는가? 여성은 화가 나지만 비스킷을 확 낚아채면서 마음속으로 '별 이상한 인간이 다 있네.'하고 생각했다. 비행기 탈시간이 아직 남아 있어 비스킷으로 배고픔을 해결하려고 했던 여성은 매우 불쾌한 표정으로 앉아 있다. 다시 먹으려고 탁자 위를 손으로 더듬었더니 또 없어진 것이 아닌가? 여성은 오른쪽에 앉아 있는 중년남성을 도다리 눈이 되어 째려보았다. 그 남성은 하나밖에 남아있지 않은 비스킷 하나를 반으로 쪼개서 하나는 자기 입에 물고 나머지 반 조각은 웃으면서 여성에게 밀어주는 것이 아닌가. 여성은 머리 꼭대기까지 화가 치밀어 올라 비스킷 반 조각을 쓰레기통에 던지고 탑승구로 갔다. 비행기 티켓을 꺼내려고 가방을 열었다. 아~ 그런데 가방 속에는 아까 먹었던 것과 똑같은 비스킷이 들어 있는 것이 아닌가?

그렇다면 대기실에서 먹었던 그 비스킷은 남성의 것이란 말인가? 여성은 얼굴이 화끈 달아올랐다. 그 남성은 여성에게 수모를 겪으면서도 "얼마나 배가 고팠으면 다른 사람의 비스킷을 자기 것처럼 맛있게 먹을까?"라고 이해했을 것이다. 사소한 것에 목숨을 거는 사람들이 많은 우리 사회에서 한번쯤 새겨볼 만한 배려심이다.

어느 날, 경부선 고속버스 터미널에서 있었던 일이다. 아내가 화장실에 간 사이, 아내의 가방을 어깨에 걸치고 서 있는데 건장한 청년 세 사람이 내 앞을 가로 막고 다짜고짜로 신분증 제시를 요구한다. "당신들 누구냐?"고 했더니 경찰이라고 한다. 많은 인파 속에 갑자기 당한 일이라 몹시 수치스러웠다. 주변 사람들이 삼삼오오 몰려들었다. 창피해서 얼른 신분증을 제시했다. 경찰이 여자용 가방을 가지고 있다는 이유로 불심 검문을 했던 것이다. 조용히 한 사람이 다가와서 경찰 신분증을 보여주고 웃으면서 요구했다면 어땠을까? 신분증을 제시하는 사람의 입장을 조금도 배려하지 않는 처사였다.

오래전 유럽 여행을 했던 친구의 얘기가 떠올랐다. 스웨덴 국경으로 가는 길에 나이 지긋한 경찰관이 "스웨덴에 처음 오느냐?"라고 물어 그렇다고 하니 "그러면 방문 기념으로 여권에 기념 스탬프를 찍어드리겠다."고 했다. 경찰관은 잠시 후 여권에 기념 스탬프를 찍어 가지고 상냥한 말씨로 "즐거운 여행이 되라."고 하면서 건네주었다고 한다.

나중에 알게 된 일이지만 기념 스탬프 찍는 일이 아니라 검문을 하려고 한 것이다. 그 당시 북한인들의 마약 밀매 때문에 비상이 걸린 때였다.

두 가지 사례에서 보는 바와 같이 상대에 대한 배려는 극명하게 달라진다. 배려는 '상대방이 처한 입장이 나의 상황이라면 어떻게 하는 것이 바람직할까?'의 역지사지 마음에서 시작된다. 그리고 상대 존중에서 마무리된다.

어느 추운 겨울 저녁.

출입문이 열리고 세 아이가 들어서고 있다. 꾀죄죄한 얼굴에 초라한 옷차림의 아이들에게 주문을 받기 위해 다가갔다.

"무얼 주문할래?"

"자장면 한 그릇 주세요."

열 살도 안 되어 보이는 여자아이는 자기는 체해서 먹을 수 없다면서 두 동생을 위해 자장면 한 그릇을 시켰다. 그리고 세 아이의 눈은 건너편 테이블에서 엄마 아빠와 함께 식사를 하고 있는 제 또래의 두 아이 모습을 부러운 표정으로 보고 있었다.

"휴~ 우리도 아빠 엄마가 있었으면 좋을 텐데." 하며 일곱 살짜리 남동생이 울먹인다.

바로 그때 주방에서 아내가 급히 나와서

"애야 너~ 혹시 인정이가 아니니?"

“아줌마 어떻게 제 이름을 아세요?”

아내는 다정하게 막내 여자아이의 볼을 쓰다듬어 주면서

“응. 엄마 친구야. 네가 어릴 적에 봐서 나를 기억을 못하는구나.”

“우리 엄마 아빠는 안 계세요.”

“알아. 그나저나 엄마 아빠 없이 어떻게 사니?”

세 아이는 아내를 반신반의하면서 어리둥절한 모습으로 쳐다본다.

“옛날에 같은 동네에 살았어.” 하면서 아내는 세 아이의 볼을 쓰다듬어준다.

잠시 후 아내는 자장면 세 그릇을 내어 주었다.

그제야 아이들은 기억이 나는 것 같다면서 얼굴에 환한 미소가 번졌다. 그리고 맛있게 자장면을 먹었다.

주인 부부는 세 아이들이 음식을 먹는 모습을 지켜보았다. 아이들이 떠나는 시간, 밖으로 나와 저만치 걸어가는 동안 손을 흔들어 주었다.

“또 와.”

“예.”

아이들도 해 맑은 모습으로 손을 흔들었다.

“여보. 그런데 쟤네들 누구네 집 아이들이야? 나는 아무리 생각해도 기억이 없어.”

“사실은 저도 잘 모르는 애들이에요.”

"으~응? 그런데 애들 이름을 어떻게 알았어요?"

"애들이 얘기하는 것을 주방에서 들었어요. 아마 오늘이 남동생 생일이라 자장면을 먹기로 했대요. 부모 없는 아이들이라고 무턱대고 음식을 내 주면 아이들이 상처를 받을것 같아서. 엄마 친구라고 하면 다음에 또 올 수 있잖아요."

가난으로 주눅 든 아이들에게 상처를 주지 않으려고 했던 아내의 배려가 감동의 파노라마가 되어 가슴속으로 울려 퍼지고 있다.

일상생활에서 우리가 흔히 겪을 수 있는 상황을 하나 더 생각해 보자.

어느 날 친구의 병문안을 가기 위해 OO도로에서 운전하고 있는데, 어떤 차가 당신 차의 후미에 바짝 붙어서 차선 변경하라고 계속 라이트를 깜박이고 경적을 울려 댄다. 그리고 갑자기 당신의 차를 추월한다. 당신은 너무 놀라서 급히 핸들을 틀어서 겨우 접촉 사고를 피했다. 상대방 운전자를 얼핏 보니 스무 살 정도로 보이는 청년이다. 미안하다는 신호도 없이 빠르게 운전하고 있다. 당신은 어떤 느낌이 드는가? 또 이 청년에게 말을 할 수 있다면 뭐라고 말하겠는가?

이 질문에 성인군자가 아닌 이상 별별 욕이 다 나온다. 어떤 사람은 눈에는 눈, 이에는 이, 그리고 더 빠른 속도로 끝까지 쫓아가서 나도 똑같이 추월하거나 붙잡아서 따지겠다고 한다. 그러나 폭발했던 감정을 추스르고 안전 운전을 한다. 친구가 입원한 병원에 도착하여 대기실 안에서 기다리고 있다. 병원 응급실 쪽에서 안면이 있는 간호사가 급히 나오고 있다. 그녀는 상기된 표정으로 당신에게 끔찍한 교통사고 소식을 전한다. "중년의 여자가 교통사고로 응급실에 도착했는데 살 수 있을지 모르겠다."고 말이다. 조금 전에 그녀의 아들이 도착하였다고 한다. 그 청년은 의사와 함께 수술실 쪽으로 엉엉 울면서 환자용 침대를 붙잡고 가고 있다. 그 청년을 자세히 보았더니 아까 내 차를 추월하였던 그 사람이다. 어머니의 사고 소식을 듣고 급히 병원에 가기 위해 추월하였던 것이다.

지금 그 청년에 대한 당신의 감정이나 태도는 어떤가?

이 질문에 보통 두 가지 반응을 보인다. 그렇게 행동한 이유를 이해하고 나니 분노나 좌절감이 수그러들었다고 한다. 아까 욕을 한 것을 후회한다고 한다. 또 다른 반응은 그래도 그렇게 해서는 안 된다고 한다. 상황 설명을 알고 난 이후에도 처음에 가졌던 자신의 태도를 바꾸려 하지 않은 사람도 있다.

"내 생각은 지금도 마찬가지야."

"그렇게 하지 말았어야 해."

"그 사람 잘못했어. 깜빡이라도 켰어야지."

"더 큰 사고가 나지 않은 것이 다행이다." 등이다.

그럴 수도 있다. 그러나 자신의 감정에 대한 정당화, 합리화는 때로는 다른 사람을 이해하는데 있어 장애가 되는 태도들이다. 다른 사람과 좋은 관계를 유지하려면 마음의 문을 열고 심지어 자신을 불쾌하게 만드는 상대방의 행동까지 이해하려고 노력해야 한다.

노자는 "내가 가지고 있는 빛이 아무리 밝고 화려하더라도, 상대방을 배려하는 마음을 가지고 다가갈 때 오히려 내 빛이 더욱 빛날 수 있다."고 했다. 배려는 다른 사람보다 아래(Under)에 선다(Stand)는 생각을 해야 한다.

아래에 선다는 것은 상대방의 입장을 헤아려보는 겸손과 이해가 선행되어야 한다. 그래서 배려는 인간관계의 첫걸음이나 다름없다고 하지 않는가. 배려는 비스킷 사례처럼 사소한 것에 목숨 걸지 않고 상대의 입장을 헤아리는 '입장 바꿔보기' 마음에서 출발해야한다. 상대방이 처한 상황을 무시하고 막무가내로 불심검문하는 것이 아니라 자연스럽게 상황에 맞는 기념 스탬프를 찍는 지혜에서 온다. 아이들에게 상처주지 않고 상대의 눈높이를 읽는 눈이 필요하며, '얼마나 바쁘면 내 차를 추월할까'하는 마음의 여유가 필요하다.

다산 정약용은 견여탄(肩輿歎)이란 시에서 다음과 같이 썼다. '사람들은 가마 타는 즐거움은 알아도(人知坐輿樂) 가마 메는 사람의 괴로움은 알지 못한다(不識肩輿苦).'

$! \rightarrow ? \rightarrow \cdots\cdots \rightarrow Y$

' $! \rightarrow ? \rightarrow \cdots\cdots \rightarrow Y$ '

무선 신호가 아니다. 상대방에게 문자를 보낼 때나, 글을 쓸 때 흔히 볼 수 있는 기호다. 하나하나씩 보면 누구나 알 수 있는 기호인데 연결하면 무슨 의미일까? 남녀가 사랑하여 결혼으로 골인하는 감동과 기쁨, 그리고 환희(!)로 시작하다가, 부부 갈등으로 서로의 차이를 극복하지 못하고 상대를 의심(?)하고, 끝내 꿀 먹은 벙어리처럼 말이 없어진다.(……) 그리고 그 다음은? 서로 다른 길(Y)을 선택한다.

결혼에 대해 회의적인 명언이 많다. 독일의 시인 하인리히 하이네는 결혼이란 어떤 나침반으로도 항로를 발견할 수 없는 거친 바다의 항해라고 했고, 철학자 키르케고르는 '결혼하라. 후회할 것이다. 결혼하지 마라. 그래도 후회할 것이다.'라는 유명한 말을 남기기도 했다. 프랑스의 미술 사학자인 그랑 카르트레는 결혼의 의미를 좀 더 재치 있게 표현했다. '독신과 결혼은 단 한글자 차이다. 지루함과 지루함들.'

18세기 프랑스의 작가이며 대표적 계몽사상가 볼테르는 '결혼은 겁쟁이도 할 수 있는 유일한 모험이다.' 라고 하여 누구나 마음만 먹으면 할 수 있는 것처럼 표현했다.

옛말에도 짚신도 짝이 있다고 했다. 물론 짝을 찾을 마음만 있다면 찾을 수 있다는 뜻일 것이다. 어느 방송국에서 만든 '짝'이라는 프로그램을 보면 짝을 찾기가 하늘에 있는 별 따기보다 어려워 보인다. 어렵사리 짝을 만나 운명처럼 결혼하고 얼마 되지 않아 깨지는 부부가 너무나 많다. 짝끼리 평생을 도란도란 행복하게 살아가도록 서로 노력해야 되겠지만, 갈라서는 사유를 보면 그들의 주변 사람들 때문에 헤어지는 경우가 의외로 많다. 시어머니와 장모라는 이름이 자주 기론된다. 아들 기준으로 보면 며느리요, 사위 기준으로 보면 딸이다.

저번제사 지나갔네 두달만에 또제사네

할수없이 그냥하네 쉬바쉬바 욕나오네

제일먼저 나물볶네 네가지나 볶았다네

이번에는 가부좌네 다섯시간 전부치네

허리한번 펴고싶네 한시간만 눕고싶네

남자들은 티비보네 뒤통수를 째려봤네

주방에다 소리치네 물떠달라 지랄떠네

제사상은 내가했네 지네들은 놀았다네

절하는거 지들이네 이내몸은 부엌있네

이제서야 동서오네 낯짝보니 치고싶네

- 중략 -

인터넷에 돌아다니는 '며느리의 시'를 읽으면 며느리와 아들 입장이 같은 공간에서 극명하게 비교된다. 친정 엄마 생각에 1분 만에 눈물 나고, 시어머니 생각에 1분 만에 짜증나고, 힘든 날 전화 한 통 없는 친정 엄마 서운하고, 힘든 날 매일 전화하는 시어머니 눈치 없고, 아이고 허리야 한마디에 친정엄마는 그러다가 골병든다. 병원 가서 침 좀 맞자 하고, 시어머니는 무슨 젊은 애가 벌써부터 허리 병이냐? 하고, 시집간 딸 생각하면 짠해지는 시어머니도, 시집온 며느리 생각하면 불만스러워한다. 내가 키운 딸과 걸어 들어온 남의 딸이 같지는 않지만 두 딸 모두 배가 아프도록 낳은 어머니들의 딸들이 아닌가?

결혼한지 얼마 되지 않은 며느리에게 시어머니가 스마트폰으로 전화를 하면서 네가 살림을 어떻게 하는지 내 눈으로 직접 봐야겠다면서 냉장고에 무슨 반찬이 있는지, 와이셔츠는 모두 다렸나며 스마트폰 카메라로 비춰보라고 요구한 것이다. 결혼할 때 기대했던 것보다 예단 액수가 적어 앙심을 품고 있다가, 급기야 며느리 일거수일투족을 불만스럽게 여기게 된 어느 시어머니의 현대판 시집살이다. SNS 때문에 고부간의 씻을 수 없는 갈등을 증폭시키기도한다.

결혼한지 2년도 안된 부부가 싸운 이야기다.

"처가가 부잣집이면, 부실하던 성기능도 향상된다더라." 등, 입에 담지 못할 욕설을 부인에게 상습적으로 내뱉은 의사가 있었다.

남편　내 친구가 왜 자기 부인에게 잘해주는지 알아?

부인　왜 잘해주는데?

남편　의사 사위 얻었는데 집까지 해왔다고 장인어른이 벤츠 뽑아주고 병원 차려줬기 때문이야. 나는 왜 겨우 국산 SUV인지 억울해서 못 살겠어.

부인　내 친구 신랑은 50평대 강남 아파트 사왔어. 당신은 25평대 강북 아파트 사왔잖아? 의사면 다야?

격분해서 뱉은 말이 양가 부모 귀에 일사천리로 중계 방송됐다. 2년 만에 갈라섰다. 아이는 어떡하라고. 물질만능이 자식보다 중요한 셈이다.

결국 돈 때문에 사랑이 찢기고 죄 없는 자녀는 졸지에 희생양이 되어버리는 일이 비일비재하다. 결혼식 때 모두가 약속한 혼인 서약과 주례사는 잉크가 마르기도 전에 변색되어 버린다. 이제는 신랑 신부만 혼인 서약할 것이 아니라 양가부모 포함 6명이 몽땅 서약하고 공증까지 받아야 할지도 모른다. 손자 보고 싶어 예고도 없이 아파트를 찾아 왔지만 며느리가 출입문 비밀번호를 끝내 가르쳐 주지 않아 발길을 돌리고만 노부부, 그날 저녁 "너는 부모 없이 태어났냐?"고 크게 부부싸움을 한 뒤 이혼 대기 중인 부부. 이들 부부는 가정은 있지만 가족은 없다.

부부가 함께하지 못하면 우산 위의 눈도 엄청 무겁고, 부부가 함께하면 등짐으로 짊어진 무쇠도 솜털보다 가볍다고 하지 않았는가? 너무 쉽게 갈라서는 요즘 부부들에게 주례사를 다시 들려주고 싶다.

저는 오늘 꿈과 비전이 있는 청년과

매우 진취적이고 지혜로우며 아름다운 마음씨를 가진 여성을 위해

도움이 될 만한 이야기를 들려주고자 이 자리에 섰습니다.

결혼이란 길고 긴 대화의 예술입니다.

두 사람에게 부탁하고 싶은 것은

행복을 기다리지 말고 스스로 가꾸어 나가야 합니다.

지금 두 사람의 마음은 어떤 마음일까요?

행복이 충만합니다. 사랑이 가득합니다.

모든 것이 영롱한 무지개로 보입니다.

무엇이든지 할 수 있는 용기가 있습니다.

그러나 이러한 마음이 계속 지탱되지 않을 수도 있습니다.

이것이 인생입니다.

그럴 때마다

사과나무 한 그루를 심는다는 생각을 하십시오.

양지 바른 곳에 심어야 합니다.

거름을 주어야 합니다.

지극한 정성과 관심을 가져야 합니다.

관심은 사랑입니다.

사랑한다는 것은 서로 표현하지 않고 가슴에 묻어두는 것이 아니라

열정적으로 생가하고 행동하는 것입니다.

사랑은 표현하는 태도로 시작해서 감정으로 끝을 맺는 것입니다.

그러나

우리 주변의 많은 사람들은 이것을 거꾸로 알고 있습니다.

사랑의 감정이 저절로 생기길 기다리고 있습니다.

그런 경우는 거의 없습니다.

사랑도 능력이고 표현하는 태도이며

다른 사람과 올바르게 살아가는 삶 자체입니다.

다시 말씀드리면

사랑은 관심을 갖고 마음을 이해하는 데서 싹이 트고 자랍니다.

사랑을 방해하는 편협함과 분노와 편견이 있더라도 떨쳐버려야 합니다.

행복은 사랑을 가꾸는 데에서 시작하고

이 또한 많은 인내심이 필요합니다.

그래서 에리히 프롬은 그의 저서 《사랑의 기술》에서

사랑은 인내심이라고 했습니다.

또 하나의 부탁은 효행입니다.

율곡 선생님은 모든 것의 근본은 효행으로부터 나온다고 하였습니다.

두 사람은 서로 다른 환경에서 성장했습니다.

이제 새로운 환경으로 바뀌었습니다.

이제 부모님의 호칭도 바뀌었습니다.

그러나 여전히 나를 낳아주고 길러주신

그 깊고 깊은 은혜는 영원히 바뀔 수 없는 것입니다.

효행은 부모님의 마음을 헤아려서 걱정을 끼쳐드리지 않고

부모님의 입장에서 생각하는 것입니다.

내가 부모가 되었을 때

생전에 왜 효행을 하지 못했을까 하고 후회하는 것보다

살아 계실 때 실천하는 지혜로운 부부가 되길 부탁드립니다.

1957년 노벨 문학상을 수상한 알버트 까뮈는 수상소감에서

청각 장애인으로 평생을 가정부로 일한

어머님의 사랑을 잊을 수가 없다고 했습니다.

오늘의 두 사람이 있기에는

영원히 마르지 않는 부모님의 눈물과 기도가 있었음을

잊지 말아야합니다.

다시 말씀드리면

첫째, 사랑입니다.

둘째, 효행입니다.

주례사는 필자가 쓴 것이다. 그동안 주례했던 사람 중 헤어진 부부도 한 쌍 있다. 그때 다시는 주례를 서지 않겠다고 다짐하기도 했다. 결혼식 때 찍은 사진이 찢어지거나 주례 얼굴이 불태워진다고 생각하면 마음이 아프다. 반대로 너무도 행복하게 사는 부부도 있다. 대부분 소식이 없지만 간혹 주례의 안부를 묻는 부부도 있다. 그럴 땐 가슴이 뿌듯하다.

결혼 전에는 하루에 몇 시간씩 통화하고도 모자라서, 만나서 얘기하자는 남녀, 어떤 잘못을 해도 바다보다 넓게 이해했던 남녀, 서로에게 편지를 써도 차고 넘쳤던 말들이 결혼하고 아이를 낳고 삶에 지치다보면 서로에게 대화하는 것조차 피곤해진다. 돌부처처럼 말이 없는 부부가 된다. 잡은 고기에 미끼를 주지 않는다는 말이 있듯이 다정다감한 대화를 기대한다는 것은 구운 밤에서 싹이 트기를 기다리는 것이나 다름없다. 그렇다고 마음먹고 대화를 시작하면 본질을 벗어나서 짜증부터 내고 결국 갈등이 생긴다. 단정적인 말들이 오고 가고 인신공격적인 말도 서슴치 않는다. 들으려고 하지 않고 말의 약점만 잡으려고 한다. 촛불 앞에서 선서한 내용은 어디에도 없다. 결혼사진보다 더 중요한 성혼서약서도 팽개쳐 버린지 오래다.

고단하고 삶이 지치더라도 결혼식 때 촛불 앞에서 선서했던 사랑스런 모습을 다시 기억하라. 와인 한 잔씩 앞에 놓고 불을 꺼라. 그리고 결혼식 날 어머니들이 화촉을 밝혔던 것처럼 촛불 두개를 켜라. 그리고 촛불 앞에서 진솔한 대화를 나누어라. 대화는 '대' 놓고 '화'내는 것이 아니라 솔직한 감정을 설명하고 상대의 감정을 헤아리는 마음부터 시작하자. 대화는 먼저 상대의 얘기를 듣는 데부터 시작해서 듣는 것으로 마무리하자.

성공하는 부부에게는
7가지 습관이 있다

부인　여보! 방청소하고 음식 쓰레기 좀 버려요. 그리고 엊저녁 먹고 쌓아둔 그릇 설거지도 좀 하고

남편　당신은 뭐해?

부인　오늘 친구들과 모임이 있어. 약속 시간 늦을 것 같아!

남편　식구들 먹여 살리려고 평생 직장생활하고 정년퇴직한 남편에게 이게 뭐야?

부인　싫음 관둬!

남편　(……)

K씨는 부인과 심각한 갈등을 겪고 있다. 대기업에 다니다가 퇴직한지도 10년이 되었다. 처음 몇 년 동안은 외국과 국내여행을 다니면서 부부 금슬이 좋았다. 하지만 시간이 흐를수록 점점 함께할 일이 없어졌다. 두 자녀는 모두 결혼하여 둘만 있는 시간이 부담스러워지기 시작했다. 아내는 주부대학과 구청의 댄스 교실 등을 나가면서 나름대로 바쁜 생활을 하고 있다. K씨는 외톨이가 되었다. 외로움을 극복

하기 위해 친구들을 만났다. 하루 종일 바쁘게 드나들면서(하바드 대) 친구들과 이런 저런 얘기로 소일만 했다. 사업하는 친구들 얘기를 들으면 나도 금방 하고 싶고, 개인택시 운전하는 친구 얘기 들으면 운전으로 생활비와 용돈을 벌고 싶어졌다. 그러나 그것도 여의치 않아 등산으로 소일했다. 가장 비용이 적게 들면서 건강관리에는 안성맞춤이다. 그러나 등산도 하루이틀이지 매일 혼자 갈 수도 없는 것. 그러다가 동네에 있는 경로당(동경대)을 기웃거렸다. 경로당에 갔더니 제일 나이가 어린 막내다. 산신령 같은 어른들이 온갖 잡심부름에 어린아이 취급하는 바람에 버티기가 어려웠다. 옛날 잘나가던 시절의 일장춘몽의 얘기(예일대)를 해도 먹히지 않는다. 하는 수 없이 무작정 뛰어나와 전철 국철 바꿔 타면서(전국대) 시간을 죽이는 일도 해보았지만 지겹다. 에라! 방에 콕(방콕대) 박혀 사는 것이 마음 편하겠다 싶어 가사 도우미를 자청하고 집안일을 도왔지만 마음은 편치 않았다. 마누라한테 오는 전화가 왜 그리도 많은지 비서는 저리 가라다. 간혹 마누라 친구들이 반말로 "어머니 바꿔라."라 하면 당장 울화가 치민다.

그런데도 마누라는 "왜 하루 종일 집에만 있느냐?"고 성화다. 하루 종일 와이프(하와이대)의 치맛자락 붙들고 있기도 이젠 거북하다.

오히려 마누라는 자꾸 밖으로 도는 것 같다. 왜 그러느냐고 물었더니 "당신이 시시콜콜 따지질 않는가. 반찬이 왜 이거밖에 없느냐? 등

등.” 그러니까 잔소리 듣기 싫어서란다. 친구는 어느 날 전화하는 부인의 얘기를 들었다.

“얘! 우리 집에 귀중한 애완견 하나 생겼다.”
“너희 신랑 강아지 싫어하잖아?”
“아니~ 말하는 강아지 말이야.”

이 일로 대판 싸우고 각방을 쓴지 4년째. 결혼한 자녀들은 이 사실을 전혀 모른다. 앞으로 몇십년을 이렇게 살아갈 것을 생각하면 지옥이 따로 없다. 부부상담소를 찾아가서 상담도 해 보았지만 뚜렷한 해결 방법이 없다.

평생 사업을 하다가 10년 전에 모든 걸 접고 사는 후배가 있다. 매사 열정적인 친구다. 바둑 두기를 좋아해서 혼자 보내는 즐거움도 있지만 집에는 들어가기가 싫다고 밖으로만 돈다. 부부가 각방 쓴지가 10년도 넘었다. TV도 따로 본다. 허울 좋은 가정이지 가족의 정이라고는 없다. 내일모레면 육십을 내다보는데, 요즘 부인이 걸핏하면 이혼해달라고 한다. 결혼하지 않은 두 딸이 엄마 편을 거들고 있다. 젊었을 때는 가부장적 성격이었던 친구는 아내에게 “뭣도 모르면서 무얼 간섭해?” “모르면 가만히 있기나 해.” “주제 파악하고 살아.”라는 말을 입에 달고 다녔다. 그러나 이제는 달라졌다. 친구는 놀고 있지만 부인은 오래전부터 일을 하면서 경제적으로도 한몫을 하고 있다. 부인의 목소리도 커졌다. 부부가 싸울 때 보면 오히려 친구가 꼼짝 못하는 신세가 되었다. 친구는 "무슨 말을 해도 싸우려고 대드니 혼자 사는 것이 차라리 낫다."고 푸념한다. 이혼을 심각하게 고려하고 있는 중이다.

전쟁은 베이비붐을 부른다. 2차 세계대전 후의 일본도 예외가 아니었다. 1947~49년에는 매년 약 270만 명이 태어났다. 일본은 이 베이비붐 세대를 단카이(團塊,덩어리) 세대라고 부른다. 일본사회 태풍의 눈 단카이 세대 부부도 노령화되면서 우리나라와 같은 사회적 고민을 앓고 있다. 도쿄 시나가와구 고야마에 사는 전업주부 야마모토 준코 씨(60). 단카이 세대를 남편으로 둔 야마모토 씨는 정년퇴직 오기만을 손꼽아 기다리고 있다.

같은 집에 살고 있지만 가정불화가 심해 방을 따로 쓰고 있는 남편이 곧 정년퇴직하면 곧바로 이혼서류에 도장을 찍을 계획이기 때문이다. 100세 시대에 남편과 앞으로 30여 년을 한 방에서 함께 지낼 걸 생각하니 지옥이 따로 없다는 것이다. 아이들도 모두 장성한 상태라서 큰 부담이 없으며 마음에 맞지 않는 남편과는 갈라서서 자신만의 제2의 인생을 살겠다는 것이 야마모토 씨 생각이다. 일본에는 야마모토 씨처럼 황혼 이혼을 기다리는 여성이 수두룩하다.

이혼이 급증하고 있는 요즘의 우리 사회를 보고 어떤 이는 "그동안 억눌러 살아왔던 여성들이 제자리로 돌아 와서 자기 몫을 찾고 있다. 그것은 자연스러운 현상이다."고 한다. 우스개로 '전쫓남'이라는 모임이 있다. 전국에서 마누라로 부터 쫓겨난 남편들의 모임을 줄여서 쓴 말이 '전쫓남'이다. 아직 포털 사이트에 검색 되지 않지만 그곳에는 20대 부터 90대까지의 남편들이 즐비하게 모여 있다. 쫓겨난 사유가 백화점의 상품처럼 연령대에 따라 다양하다.

20대 남편은 부인의 생일과 결혼기념일을 그냥 넘어갔다고 쫓겨났다고 한다. 마누라 이벤트를 챙기지 못하는 감성 없는 인간과 평생을 어떻게 살아!

30대 남편은 직장에서 잔업을 하고 늦게 퇴근하면서 아내에게 밥상차려 달라고 했다가 쫓겨났다고 한다. 제때 밥도 챙겨 먹지 못하는 남편이 싫다!

40대는 부인이 외출할 때 "어디가냐?"고 꼬치꼬치 캐물었다가.

50대는 부인이 외출할 때 "따라가겠다."고 하다가.

60대는 부인에게 스킨십 하다가.

70대는 부인에게 쓸데없이 권위적으로 굴다가.

80대는 소파에 자주 누웠다가 쫓겨났다고 한다. 이유인즉 "산에

    배짱이 곧 실력이다

가서 누워 있지 소파에 왜 눕느냐?"고.

90대는 아침에 눈 떴다고 쫓겨났다고 한다.

전쫓남의 유머는 그냥 넘어가기에는 씁쓸하다. 옛날 유머는 여성을 대상으로 하는 유머가 많았지만 이제는 각종 포털 사이트에 유머 코너를 클릭하면 남성을 대상으로 하는 유머가 흘러넘친다. 유머도 세태를 반영한다. 여성들의 발언권이 강해졌고, 가정생활의 리더가 여성 중심으로 바뀌어 가고 있음을 시사한다. 형제간의 부부 모임보다 처갓집 위주의 부부 모임이 더 많다. 은퇴 후 30~40년을 함께 살아야 하는 고령화 사회에서는 평등의 지혜가 필요하다. 고령화 시대의 어둠은 질병과 빈곤만이 아니다. 부부 관계도 그중 하나다. 평균수명이 늘고 자녀가 독립하고 부부만 사는 빈 둥지 기간이 늘면서 부부갈등이 심각해지고 있다. 자녀들의 완충역할이 없어진 것이다. 100세 시대의 축복이 아니라 황혼전쟁 없이 사는 지혜를 짜내야 한다.

여기 성공 부부의 7가지 습관을 제안한다.

1) 서로 보상심리를 버리자.

부부의 역할은 상거래와 같이 주고받는 것이 아니다. "내가 평생 동안 가족을 위해 일한 대가가 이것이냐?"의 남편 말에 "당신은 돈을 버느라고 고생했지만 가정에서 살림한 나의 존재는 어디에 있느냐?”
는 부인의 얘기 속에는 서로 손해와 이익을 따지는 손익계산서만 있
을 뿐이다. 보상을 받으려고 하지 말고 가정을 위해 기여한 부부의 노
력을 먼저 인정해야한다.

2) 부부간의 돌봄을 당연시해서는 안 된다.

부부는 병원의 간호사처럼 당연히 환자를 돌보는 것이라고 생각해
서는 안 된다. 한 이불을 덮고 사는 부부는 어려울 때는 마음의 상처도
덮어주고 질병의 고통도 덮어주어야 한다. 덮어주는 상대에게 고마움
을 표현해야 한다. 침묵의 가치보다 표현의 가치가 애정을 북돋아준다.

3) 권위적인 태도와 자세를 버리고 배려와 감성의 대화를 나누어야 한다.

옷은 입을수록 몸이 따뜻해지고, 권위는 벗을수록 마음이 따뜻해
진다. 옷은 오래 입을수록 그 두께가 얇아지고 권위는 오래 걸칠수록
무거워지고 두꺼워진다. 잡은 고기에 미끼를 주지 않는다고 하지만 신
혼 때의 사랑과 배려의 마음을 다시 떠올리면 상대에게 상처를 주는
대화는 없어질 것이다. 초심으로 돌아가서 상대를 보라.

필자의 친구들 중 부인이 얘기하면 무조건 “그래그래 알았어.”라
고 해야지 아니라고 고개를 저었다가 망한 친구들 많다.

   배짱이 곧 실력이다

4) 부엌을 함께 점령하자.

잘 아는 강사 중에 박사학위 논문을 쓰면서 조리사자격증에 도전한 사람이 있다. 조리사 자격증에 도전하는 사유를 물었더니 "30년 동안이나 마누라가 주는 밥을 먹었는데 나머지 30년은 내가 마누라를 위해 봉사하고자 한다."는 얘기다. 요리를 할 줄 아는 남자와 그렇지 못한 남자의 미래는 하늘과 땅 차이이다. 은퇴 이후 행복한 노년을 꿈꾼다면 남자에게 요리는 선택과목이 아니라 필수과목이다. 아내만 쳐다보는 가련한 '삼식이'가 되지 않으려면 간단한 반찬과 국은 끓일 줄 알아야 한다. 인터넷만 잘 활용해도 진수성찬을 만들 수 있다. 함께 부엌을 점령하여 부부의 애정을 솔솔 키우자.

5) 가사 일을 분담하자.

무거운 그릇 운반에서부터 음식 쓰레기 버리기와 설거지, 청소 등은 오히려 남성들의 몫으로 하자. "그럼 부인들은 무얼 하느냐?"고 반문하는 수강자들이 간혹 있다. 부부의 일이란 누구의 일이 따로 있는 것이 아니라 상황에 맞는 가사 일을 분담하자는 것이다. 즐겨보는 TV를 30분만 끄고 가사 일을 돕는다면 30일 동안 화목한 가정으로 바뀐다.

6) 함께할 수 있는 취미 생활을 가지자.

주말이 되면 따로따로 노는 부부가 있다. 남편은 1박 2일 낚시를 간다. 물론 부인은 친구들과 여행을 간다. 주말만 되면 각자 자기 일에 바쁘다. 취미 생활이 서로 달라서 가족 모임을 한 지도 오래되었다. 몇 년 전의 꺼진 불씨가 다시 살아나서 겉잡을 수 없는 가정불화로 고통의 나날을 보내고 있다. 고통에서 소통으로 바꿀 수 있는 가장 현명한 방법은 잦은 만남이다. 그리고 일주일에 한 번 정도는 가족을 위한 취미생활을 함께하는 것이다. 등산이나 여행도 좋다.

7) 건강이 제일 먼저다.

폐암 말기 판정을 받은 후 10년째 투병 생활을 하는 안타까운 친구가 있었다. 젊었을 때는 매우 건강했다. 직장에서는 능력을 인정받았고 성공한 친구다. 제2금융권의 이사장직 업무를 수행할 정도로 의욕이 왕성하고 긍정적인 사고를 가진 친구였다. 투병 중에 병원 응급실에 실려 간 날이 셀 수 없을 정도다. 가족들은 매일 살얼음판을 걷는 기분으로 살았다. 10년 동안 생과 사의 건널목을 수십 번이나 지나왔지만 부인의 눈물겨운 지극 정성으로 건강은 어느 정도 회복되었다. 그러나 부인의 지극정성에도 불구하고 세상을 달리했다.

인생에서 돈을 잃으면 조금 잃은 것이요, 명예를 잃으면 절반을 잃은 것이며, 건강을 잃으면 모든 것을 잃는다는 말이 있다. 멈추지 않으려는 일손에서 잠시 멈추자. 건강을 잃으면서까지 성공하고 싶은가? 성공하여 건강을 잃으면 성공은 물거품에 지나지 않는다. 멈추면 보이는 것들 중 최고의 선물은 건강이다.

여기 멋진 시 한 편이 있다. 때로는 친구 같기도 하고 또 애인 같은 아내를 생각하면서 읽어 보자. 인생의 끝자락에서 아내를 잃고 시처럼 아내를 따라간 서정주 시인의 '내 늙은 아내'를 읽노라면 정겨운 부부의 샘이 솟는다.

내 늙은 아내

서정주

내 늙은 아내는
아침저녁으로
내 담배재떨이를 부시어다 주는데,
내가
"야, 이건 양귀비 얼굴보다 곱네.
양귀비 얼굴엔 분때라도 묻었을 텐데……." 하면,

꼭 대여섯 살 먹은 계집아이처럼

좋아라고 소리쳐 웃는다.

그래.

나는 천국이나 극락에 가더라도

그녀와 함께 가 볼 생각이다.

내 안의 마중물을 찾아
리셋하라

———

뻐~억 스르륵. 그리고 화면이 움직이지 않는다. 아무리 클릭해도 반응이 없다. 닫기를 해도 닫아지지 않는다. 파워포인트 자료와 이미지를 가득 넣었는데 반응이 없다. 컴퓨터 작업을 하다가 갑자기 커서가 움직이지 않고 먹통이 되어버린 것이다. 이것저것 키보드를 눌러보아도 전혀 반응이 없다. 성질나서 리셋 버튼을 눌러 버린다. 컴퓨터는 나에게 의사결정을 요구한다.

"지금까지 작업한 내용이 사라질 수 있는데도 괜찮나?"고.

"정말 리셋하겠느냐?"고 다시 확인한다.

그러나 컴퓨터가 움직이지 않는데 도리가 없다.

"예." 하는 순간 컴퓨터는 신기하게도 살아난다. 그러나 공짜는 없다. 리셋하는 순간 중요한 작업을 하였던 내용이 흔적 없이 사라진다. 가슴이 털컹 내려앉는 기분이다. "왜 저장하면서 작업하지 않았지? 앞으로는 꼭 저장하면서 작업할 거야." 이제 후회한들 소용이 없다. 컴퓨터 모니터를 눈 빠지게 쳐다보아도 반응이 없다. 혹시나 하고 여기저기 어디엔가 자료가 숨어 있을 거라는 일말의 희망으로 파일을 장시간 뒤져 보지만 찾을 길이 없다. 황당한 표정으로 컴퓨터를 뚫어지게 쳐다보아도 오히려 "나보고 왜 그러냐? 네가 리셋하겠다고 결정을 했잖아?" 하는 것 같다. 몇 시간 작업하였던 중요한 자료가 없어지면 머리가 하얗게 도배되어 버린다. 멍한 상태가 지속된다. 화가 나고 자신을 책망해 보아도 자료를 되살릴 방도는 없다. 포기한 상태에서 내가 어떤 내용을 입력했던가? 기억을 더듬어 본다. 지워졌던 내용 중에서 중요한 키워드가 하나둘씩 살아난다. 오히려 지워졌던 내용보다 새로 쓴 내용이 훨씬 좋아 보일 때도 있다.

컴퓨터 작업뿐만 아니라 우리 인생도 조건부 리셋 버튼이 있으면 좋겠다. 기억하기도 싫은 과거의 실패 경험, 생사의 기로에서 사투를 벌이던 투병 생활, 자녀를 먼저 보낸 부모의 통곡, 이혼의 아픔, 부모 형제와 이별해야만 하는 고통들을 잊어버릴 수 있는 리셋 버튼이 있으면 얼마나 좋을까?

"정말 과거를 지워 버리겠습니까?"

"예." 하는 순간, 어둡고 긴 터널을 빠져 나와 밝고 희망이 보이는 탄탄대로를 질주할 수 있는 리셋 버튼 말이다. 그러나 누구든 리셋 버튼 누르기 쉽지는 않지만 기억하기 싫은 과거가 현재의 발목을 옭아맨다면 리셋이 가능하다.

일반 회사에 취직한 그녀는 일보다는 상상에 빠져 있는 시간이 더 많아 매번 회사에서 해고를 당했고 가정에서는 남편의 폭력으로 매 맞는 아내였다. 견디다 못한 그녀는 이혼하고 돈 한 푼 없이 무작정 고향으로 돌아왔다. 스물여덟 살의 나이에 갓 태어난 딸과 함께 정부에서 주는 빈곤층 생활보조금으로 어렵게 살아갔다. 어느 날 작가가 되겠다면서 유모차를 끌고 동네 카페에서 글을 쓰기 시작했다. 작품을 완성하고도 복사비가 없어 일일이 다시 원고를 정리하는 어려운 시기를 겪으면서도 열정 하나로 작품을 완성했다. 그러나 그녀의 열정을 인정해주는 출판사는 없었다.

조지오웰의 《동물 농장》도 출판을 거부당했지만 그녀의 원고도 무려 12군데의 출판사에서 거절당했다. 그러나 운 좋게도 어느 한 출판사와 계약에 성공하여 계약금 200만원을 받고 첫 출간한 책이 7만권이나 팔리면서 세계에서 가장 영향력 있는 책으로 선정되었다.

책, 영화 등의 저작권 수입으로 영국 여왕보다도 더 큰 부자가 된 그녀는 《해리 포터》의 저자 조앤 K.롤링이다. 절벽 끝에 매달린 삶을 대역전시키며 몸소 소설 같은 인생을 살아온 조앤 K.롤링은 해리포터에 나오는 마술 빗자루를 타고 다른 세상으로 날아올랐다.

그녀는 하버드대 졸업식 축사에서,

"실패는 삶에서 불필요한 것을 제거해준다. 나는 내게 가장 중요한 작업을 마치는 데에 온 힘을 쏟아부었다. 그런 견고한 바탕 위에서 나는 인생을 재건하기 시작했다. 스스로 기만하는 일을 그만두고 정말 중요한 일을 시작하라.”고 말했다.

그녀는 자신의 강점을 발견하고 발전시키기 위해 끊임없이 노력하여 자신의 인생을 리셋 한 것이다.

‘나처럼 기구한 인생을 살아온 사람이 있을까?’ 술 한잔하면 폭포처럼 눈물을 쏟아내는 친구가 있다. 친구의 아버지는 한국전쟁 때 인민군으로 끌려가 3.8선 부근에서 유엔군의 공습을 받고 부대원 전원이 전사하고 홀로 살아남아 고향인 함경남도 홍남까지 도망갔다가 1.4 후퇴 때 가족과 함께 남한으로 피난했다. 엄동설한에 핏덩이 자식 둘을 업고 거제도 땅에 내렸으나 아버지는 거제도 포로수용소에 수감되었다. 남한에서 쓰려고 가져온 북한 돈이 문제였다. 아무 연고도 없는 거제도 땅에서 친구의 어머니는 두 자식을 먹여 살리기 위해 닥치는 대로 일을 하였지만 죽 한 그릇도 해결할 수 없는 수입이었다. 바닷물에 보리쌀을 휘저어 먹으면서 연명하는 삶을 살았다.

거제도에서는 도저히 살길이 없어 부산의 적기라는 곳으로 이사했다. 판자를 치고 살아 갈 수밖에 없었다. 흙벽돌 몇 장을 쌓아 만든 판잣집은 추위를 막기보다 사람이 살고 있다는 표시에 불과했다. 거지와 다름없는 움막 생활을 하면서 악착같이 살았지만 생활은 더 이상 나아지지 않았다. 엄동설한에 방 안에 놓은 물이 얼 정도로 추운 움막이었다. 비가 오면 어김없이 방안의 여기저기서 낙수 물을 받는 그릇들의 도레미 송. 범죄와 거지들이 들끓는 이곳에는 희망이 보이지 않았다. 친구는 초등학교에 다녔지만 수업료(월사금)를 내지 못해 교실에 앉아 있을 수 없었다. 선생님의 수업료 독촉과 회초리를 피해 가방을 학교에 놓고 산으로 도망갔다. 교실은 천막이었고 비가 오면 책상 밑으로 개울물이 생길 정도로 열악했다. 그리고 수업이 끝날 때쯤 내려가 가방을 메고 집으로 돌아오는 생활을 4학년까지 반복했다. 도시락은 아예 생각도 못한 궁핍한 삶이었다. 점심식사는 이 산 저 산으로 뛰어다니면서 무, 콩 등을 서리해서 허기를 때웠다. 겨울에는 UN군이 지원하는 강냉이, 우유 등의 구호물품으로 배고픔을 면했다. 그러나 가족의 생활은 더 나아지지 않았다. 친구는 초등학교를 졸업하고 겨우 중고등학교에 갔다. 고등학교 졸업 후에는 막일을 하면서 번 돈을 살림에 보탰다. 그러던 중 아버지는 덜컥 폐병으로 눕고 말았다.

어머니는 닥치는 대로 잡일과 가정부를 하면서 집안을 꾸려갔다. 친구 나이 18살 때 아버지는 남아있는 재산마저 전부 탕진하고 세상을 떠났다. 친구는 호구지책으로 해병대에 자원입대하여 청룡부대로 월남전에 참전했다. 베트남에서 받은 전투수당은 고스란히 어머니에게 보냈다. 친구는 베트콩 소탕작전에서 총격을 받아 하반신 불구자가 되었다. 의병 제대한지 얼마 되지 않아 치매를 앓던 어머니마저 아버지를 따라갔다. 거동이 불편한 친구는 국가에서 매월 지급되는 연금으로 오직 술병만 옆에 끼고 살았다. 젊은 시절을 이렇게 보냈다. 부인은 술로 지새우는 남편을 두고 가출하고 말았다.

'전생에 제가 무슨 죄를 지었기에 나에게 이 같은 시련을 줍니까?' 친구는 자신의 운명을 한탄하면서 늦게나마 가출한 부인을 애타게 찾았다. 그러나 이미 불가에 귀의한 부인은 다시는 속세에 돌아오지 않겠다고 한다. 친구의 인생사를 듣고 있노라면 나도 모르게 눈물이 주르르 흘러내린다. 무슨 말을 해야 위로가 될까?

아모르 파티.(Amor Fati) 네 운명을 사랑하라.

친구는 웃기는 소리하지 말란다.

"네가 나의 입장이 된다면 그런 유식한 잡소리는 하지 않을 것이다."라고.

어떻게 사는지 궁금했다. 궁금했던 친구로부터 전화가 왔다. 부산의 보훈병원에 입원해 있다고 한다. 그리고 간병하는 부인이 옆에 있어 행복하다고 한다. 새 짝을 만났다. 친구야 고맙다. 울면서 태어나는 우리, 절망과 희망은 교집합이다.

희망과 절망은 서로 등을 맞대고 있어 깊이 절망하는 자만이 진정한 희망을 붙잡을 수 있다는 것인가? 스트라이크도 있고 볼도 있고 홈런도 있는 것이 우리네 삶이다. 삶을 대충 살 것이 아니라면 운명 탓으로 돌리지 말자. 암흑을 한 번도 맛보지 못한 사람은 빛이 얼마나 소중한지 알지 못한다. 그동안 암흑 속에서 시련을 겪었던 운명을 이제 긍정하고 자기 것으로 받아들일 때 삶의 희망이 나타난다. 그래서 내게 주어진 운명 앞에서 체념이나 회피하지 않고 시련을 극복하겠다는 도전적 자세가 필요하다. 그리고 그 시련은 운명을 살찌우기 위해 마련된 훈련장이나 마찬가지다.

상수도 시설이 빈약했던 시절, 시골에 살던 사람들은 산허리 귀퉁이에서 졸졸 흐르는 물을 퍼서 식수로 사용했던 기억이 날 것이다. 그래도 여유 있는 이웃은 앞마당에 설치한 펌프로 시원한 지하수를 끌어올려 등목을 할 때는 주변으로부터 많은 부러움을 샀다. 땀 흘려 메고 온 물통을 보다가 콸콸 쏟아지는 지하수를 보면 상대적 박탈감을 느끼기도 했다. 그때 무작정 펌프질을 한다고 해서 물이 나오지는 않는다. 물을 나오게 하려면 펌프 속에 먼저 물 한바가지를 넣고 펌프질을 해야 한다.

어릴 때 너무도 신기해서 펌프 속에 무엇이 있나 계속 들여다보기도 했다.

그때 펌프에 넣는 한 바가지의 물을 마중물이라고 한다. 깊은 땅속에 꼭꼭 잠자고 있는 물을 마중하기 위해 넣는 물이다. 마중물은 버려지는 물이 아니다. 꼭 필요한 물이다. 그리고 누구에게나 마중물은 존재한다.

　마중물은 나만의 물도 아니다. 항상 다른 사람을 위해 한바가지를 떠 놓아야 한다.

　어려움에서 번민할 때 조용히 다가와 스며들어 깨달음을 준 올려준 나의 마중물은 무엇일까? 우리의 삶에 크고 작게 스며든 마중물을 잠깐이나마 되새겨본다면 좀 더 희망적이 되지 않을까? 더 넓은 창공으로 날아오르는 마술 빗자루처럼 나타난 해리포터의 조앤 K.롤링을 혼란에서 끌어 올려준 마중물은 무엇일까? 자신에 대한 무한한 신뢰이고 희망이며 자기 사랑일 것이다. 나의 마중물을 찾아라. 그리고 줄어들지 않도록 한바가지를 준비하고 항상 채워라! 발효와 썩음은 붙어 있다. 변질되지 않도록 바꿔라! 그리고 계속 리셋하라!

　다시 친구를 만나면 이 이야기를 꼭 들려주고 싶다. 내 생애에서 가장 빛나는 날은 성공한 날이 아니라 비탄과 절망 속에서 생과 한번 맞짱떠 보겠다는 용기가 솟아오른 때다.

　아인슈타인은 인생을 사는 방법에는 두 가지 방법이 있을 뿐이라고 했다. 한 가지는 그 무엇도 기적이 아닌 것처럼 받아들이는 것이고, 다른 한 가지는 모든 것이 기적인 것처럼 받아들이는 것이다. 선택은 네 몫이다. 친구여, 과거는 깨울 수 없는 것이 아닌가? 그러나 미래는 희망의 메시지를 주는 에너지 덩어리가 아닌가?

　　　　　　　　　　　　　　　　　　　　배짱이 곧 실력이다

남아 있는 인생을 미지의 운명으로 생각하고 마음껏 사랑하자고.

오래 살기 위해서가 아니라 올바르게 살기 위해 노력해보자고.

'생각대로 살지 않으면 사는 대로 생각하게 된다.'고 말이다.